KB001003

백만장자와 승려

백만장자와 승려

행복의 뿌리를 찾는 21일간의 대화

비보르 쿠마르 싱 지음 · 김연정 옮김

다산
초당

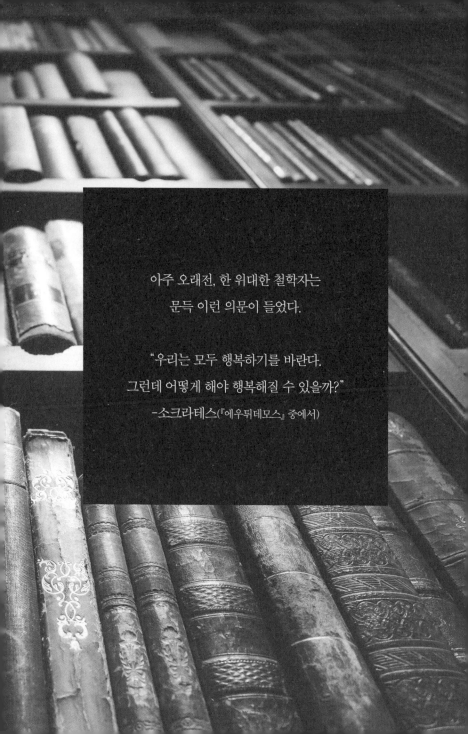

아주 오래전, 한 위대한 철학자는
문득 이런 의문이 들었다.

"우리는 모두 행복하기를 바란다.
그런데 어떻게 해야 행복해질 수 있을까?"
—소크라테스(『에우튀데모스』 중에서)

그로부터 2000여 년이 지난 오늘날까지,
우리는 여전히 그 질문을 붙들며 살아가고 있다.

돈을 엄청나게 많이 벌면 행복해질까?

정신적 만족을 얻으면 행복해질까?

물질과 정신, 두 갈래 길 중에서 과연 어느 쪽이
진정한 행복에 이를 수 있는 '옳은 길'일까?

여기,
세상 그 누구보다 부를 잘 아는 백만장자가 있다.
그리고
오랫동안 진리를 탐구해 온 승려가 있다.

이들은 서로 정반대의 길을 걸었지만,

각자의 길에서 경지에 도달했다.

하지만 수천 년간 많은 이를 멈춰 세운 질문 앞에선

똑. 같. 이

발걸음을 멈추게 되었다.

"그래서, 당신은 지금 행복한가요?"

그 질문의 답을 찾기 위해,
그들은 한자리에 모여 대화를 나누기로 결심했다.

바로 지금부터,
오랫동안 인류가 고민해 온 질문의 답을 찾는
위대한 여정이 시작된다.

책을 펴내며

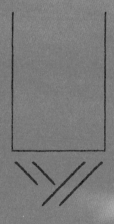

우리 마음속의
백만장자와 승려를 찾아서

"나무를 심기에 가장 좋은 때가 20년 전이었다면
그다음으로 좋은 때는 바로 지금이다."

- 고대 중국 속담

아마 여러분은 행복에 관한 이야기를 듣고자, 『백만장
자와 승려』를 펼쳤을 것입니다. 부자가 아니라서, 마음이
공허해서, 더 행복해지고 싶어서 등 다양한 사연과 이유
로 이 책을 선택했겠지요.

오래전부터 인류에게 행복은 삶의 중요한 요소였기에
행복하기를 바라는 마음은 너무도 자연스러운 것입니다.
저 역시 마찬가지니까요!

사실, 이 책을 집필하는 데는 수년이라는 시간이 걸
렸습니다. 그 오랜 기간 동안 저에게는 운 좋게도 다양
한 역할, 상황, 관점을 통해 삶을 관찰할 수 있는 기회
가 있었습니다. 그리고 그 기회 속에서 좋은 일, 나쁜
일을 겪고 좋은 사람, 보기 싫은 사람을 만나기도 했지

요. 그 모든 상황과 사람이 저를 성장하게 했습니다.

그리고 깨달았습니다. 인생이 아름다운 건 삶이 완벽해서가 아니라, 오히려 모순 자체이기 때문이라는 걸 말입니다.

살다보면 종종 올바른 결정이 잘못된 결과를 낳기도 하고 그 반대의 경우도 일어납니다. 막대한 패배처럼 느껴지던 사건이 마지막 순간에 가서는 가장 큰 승리가 되기도 합니다. 비를 싫어하는 사람들은 비가 갠 후 떠오른 무지개를 아름답다고 말하지만, 사실 그건 햇빛과 비가 함께 만들어 낸 예술이지요.

그러므로 삶이 우리에게 안겨주는 모든 것에는 항상 의미가 있다고 생각합니다. 우리가 통제할 수 없는 삶이 펼쳐져 힘들더라도, 되돌아보면 그것이 행복으로 가는 길목일 때도 있으니까요.

물질적 행복과 마음의 행복도 마찬가지입니다. 둘은 언뜻 정반대의 것처럼 보이지만, 사실 우리 삶에서 둘은 모두 중요합니다. 백만장자와 승려는 우리 마음속에 함께 살고 있습니다. 물질적인 것을 중요하게 여기는 마음, 마음의 소리에 귀 기울이고 싶은 마음은 누구나 있게 마련이니까요.

남들에게 뒤처지지 않기 위해 돈을 벌어야 한다는 생각과 불안하고 지친 마음을 달래며 정신적 평온을 얻고 싶다는 생각은 끊임없이 우리 안에서 요동치고 있습니다. 그리고 살다 보면 누구나 이렇게 서로 다른 두 생각의 균형을 맞춰야 한다는 딜레마에 직면하게 됩니다.

백만장자와 승려의 이야기는 바로 이러한 마음에서 시작되었습니다. 백만장자와 승려는 적이 아닙니다. 우리 안의 백만장자와 승려가 서로 손을 맞잡고 걸어갈 때 우리는 비로소 행복할 수 있습니다. 이 책이 여러분의 삶 속에 존재하는 두 마음 사이에서 균형을 잡고, 행복을 얻는 데 도움이 되기를 바랍니다. 10년 뒤, 후회하지 않는 삶을 살기 위하여.

비보르 쿠마르 싱

차례

프롤로그

•

인간이 마주해온
가장 오래된 질문

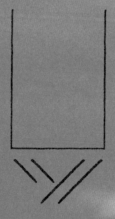

"성공이 행복의 열쇠가 아니라 행복이 성공의 열쇠이다.
그러니 지금 하는 일을 사랑하라. 당신은 비로소
성공하게 될 것이다."

- 알베르트 슈바이처

백만장자는 뉴욕 센트럴 파크가 내려다보이는 최고급 호텔 방에 앉아 인터뷰 준비를 하고 있었다. 수조 원의 재산을 가진 그는 삶에서 특별한 성취를 이뤄 낸 사람만 얻을 수 있는 '백만장자' 칭호를 가진 몇 안 되는 사람들 중 한 명이었다.

　　게다가 그는 자수성가형 부자였다. 그렇기 때문에 세상 사람들은 더더욱 그를 특별하게 여겼다. 그는 나라 전체가 몇 세대를 걸쳐야만 쌓을 수 있는 부를 혼자서 일궈낸 사람이었다. 그리고 스스로도 이런 사실을 매우 자랑스럽게 생각했다.

　　인터뷰는 준비된 원고에 따라 진행됐다. 백만장자가 채용한 홍보 에이전시는 세계 최고의 실력자들이 모인

곳이었기에, 백만장자로 하여금 겸손하지만 야심찬 사람, 평범하지만 큰 꿈을 가진 남자로 보여질 수 있도록 만반의 준비를 했다.

백만장자는 '거래의 불도저'라 불릴 정도로 날카로운 정신을 가지고 있었고, 주식시장이 돌아가는 원리를 별달리 큰 어려움 없이 이해했으며, 기민하고 철두철미하게 거래를 성사시키는 것으로 알려졌다. 끈질긴 사업가로서 타의 추종과 경쟁을 불허하는 비즈니스 방식을 만들어낸 개척자였다.

그런데 이날 인터뷰 진행자가 던진 마지막 질문이 이런 그를 당황케 했다. 평상시처럼 자신감 있게 대답하긴 했지만, 인터뷰를 마친 뒤에도 백만장자의 마음 안에는 무언가 껄끄러운 느낌이 남았다.

그 질문은 사전에 전달된 원고에 적혀 있지 않은 것이었다. 그러니까 아마 그저 형식적으로 던진 것이었거나 별로 중요하지 않은 클로징 멘트였으리라. 그럼에도 그에게는 이 질문이 그날 저녁의 모든 장면, 아니 인생 전체를 낯설게 느끼게 될 정도로 강렬하게 다가왔다.

"지금 행복하신가요?"

이것이 바로 그 질문이었다.

＊

하루 일과가 끝나갈 즈음, 승려는 저녁식사 자리에 앉아 수프에서 춤추듯 피어올라 공중에서 사라지는 연기를 바라보며 생각에 잠겼다.

'비영속성이야말로 인간 존재의 본질이다. 우리는 거대한 영혼으로부터 태어나지만, 오로지 한정된 시간 동안만 세상을 살아가며 감각을 통해 존재를 경험한다. 그런 후에 다시 거대한 영혼 속으로 사라지게 된다.'

사찰 생활을 그만두고 공식적인 직분을 내려놓은 지 30년이나 지났음에도 승려는 사람들로부터 깊은 존경과 인정을 받고 있었다. 사람들은 그를 여전히 승려라고 불렀다.

식사를 마치고 생각을 정리할 겸, 승려는 영적 스승인

라마 주지승을 만나러 가야겠다는 생각이 들었다. 무언가가 마음속에서 그를 괴롭히고 있었기 때문이다.

달빛이 밝은 밤이어서 사찰의 금빛 지붕은 은빛으로 빛나고 있었다. 그 장면을 바라보고 있자니 물질 자체보다 바라보는 관점이 중요하다는 사실을 다시 한번 피부로 느꼈다. 부드러운 바람이 불어왔지만 그 안에서 차가운 밤공기가 느껴졌다.

승려는 혼자서 고요히 잠든 구시가지의 자갈길을 걸으면서 한때 왕자였던 사람이 모든 물질적 소유물, 세속적인 관계, 장엄한 궁전을 뒤로하고 구도의 길을 걷게 된 것도 아마 오늘 같은 밤이 아니었을까 상상했다. 왕자는 결코 자신이 있던 곳으로 돌아가지 않았으며, 훗날 위대한 붓다가 되었다.

아마 그 자신을 붓다와 비교하는 것은 적절치 않은 일일 것이다. 그러나 지난 몇 주일간 무언가가 그의 마음 안에서 자신을 괴롭히는 것이 있었고, 그로 인해 승려는 감정을 제어할 수가 없었다. 라마 주지승은 그에게 자신을 발견하고 내면의 평화를 얻는 여정은 모두 올바른 질문을 던지는 데서 출발한다고 설명해 준 적이 있었다. 아마 오늘이 답변보다는 올바른 질문이 필요한 바로 그날이리라.

승려는 라마 주지승의 거처가 있는 곳 반대편 거리로 들어서면서 벽에 그려진 그래피티 아트를 마주보게 되었다. 거기에 적힌 문구를 읽은 승려는 얼어붙었다.

신의 장난인 것일까, 아니면 운명적인 마주침인 것일까? 결국 그는 라마 주지승을 만나러 가는 대신 발길을 돌려 자신의 방으로 돌아왔다.

그는 질문을 찾은 것이다. 벽에 적혀 있던 그 세 마디 질문은 바로 이것이었다.

"당신은 지금 행복합니까?"

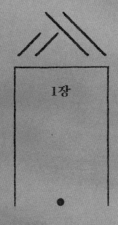

1장

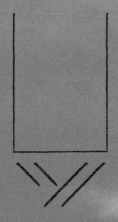

샹그릴라로 가는 길

"큰 그림이 그려지지 않는다면
지금 눈앞에 보이는 것도 믿지 말라."

- 마크 트웨인

"행복으로 가는 길을 하나의 여정으로 봤을 때, 간소한 삶이야말로 바로 그 첫 단계입니다."

승려가 백만장자에게 말했다. 맥락 없이 던진 말이었지만 백만장자는 수긍하면서 눈을 감았다.

백만장자는 그들이 처음 협력하기로 결정했던 당시를 떠올렸다. 카트만두 호텔에서 만났을 때 이들은 이미 서로에게 만족하고 있었다. 백만장자는 이 만남을 통해 그동안의 거래와는 완전히 다른 무언가를 얻을 수 있으리라 여겼다. 샹그릴라의 호텔은 많은 수익을 안겨주는 자산이 되리라.

반면에 승려는 백만장자와 협력하는 과정에서 다시

물질세계와 연결될 수 있으리라는 생각이 있었다. 이들은 상대방에게서 얻을 수 있는 게 무엇인지 명확히 알고 있었고, 그렇기에 서로를 존중했다. 그 후로 2년이 지난 오늘, 백만장자는 자신이 충분히 수익성 있는 결정을 내렸다는 사실을 확인할 수 있었다.

실제로 호텔에 방문하는 것은 처음이었다. 하지만 승려와 그의 팀원들이 자금을 효율적으로 운용했기 때문에, 여행 사업 부문에서 이 호텔이 거둬들이고 있는 수익에는 만족하고 있었다.

처음에는 승려를 파트너로 두는 일에 대해 염려했던 백만장자였다. 대체 승려가 비즈니스에 대해서 뭘 안단 말인가? 그렇지만 호텔 재무제표를 손에 들고 확인하면서 백만장자는 자신의 생각이 틀렸다는 사실을 깨닫고는 뿌듯해했다.

승려가 했던 말을 반추하면서, 백만장자는 물질적인 것을 모으고 쌓아두어야만 행복해질 수 있으리라 생각했던 자신의 어린 시절을 떠올렸다.

백만장자가 속했던 사회에서는 부를 과시하는 것을

행복의 척도로 여기고 있었다. 풍요로움을 외면하면 실패자가 됐다. 그러나 백만장자의 마음 안에서는 물건을 점점 더 많이 소유하는 것이 짐스럽게 느껴졌고, 그것이 오히려 행복에 방해가 된다는 생각도 커지고 있었다.

'어쩌면 스님이 나를 도와줄 수 있지 않을까?'

"간소한 삶은 야망이 없다는 걸 뜻하지 않아요.

성자처럼 살라는 게 아니니까요. 반대로 삶에 있어서 최소한의 것들을 최대한도로 활용하면서 살자는, 일종의 의사결정인 셈이죠. 잡동사니를 없앰으로써 불필요하고 의미 없는 생각과 감정으로 채워져 있던 마음속의 공간을 함께 비워내는 것입니다."

백만장자의 마음을 읽기라도 한 듯 승려가 말했다.

"짐이 없으면 길을 걷는 것이 훨씬 더 수월하긴 하겠네요."

백만장자는 약간은 비꼬는 투로 말했다. 그러나 바위로 뒤덮인 평화로운 티베트를 배경으로 달리고 있는 자동차 안에서, 백만장자의 마음은 조금씩 차분해지고 있었다.

사실 그는 지난 24시간 동안 분주한 일정 속에 대륙을 건너는 장거리 비행으로 피로감을 느끼고 있었고, 여행길에서 안 좋은 소식까지 들은 상태였다. 카자흐스탄 통신회사 거래에 제동이 걸렸던 것이다.

사회에 만연한 관료주의로 인해서 최종 인가가 지연되고 있다는 소식이었다. 승인을 받기 위해서는 윗선에 뇌물을 바쳐야 했는데, 백만장자는 그러기는 싫었다.

다시 생각을 현재로 되돌리면서 백만장자는 현대사회에서 미니멀리즘이 의미하는 바를 문득 떠올렸다. 그건 그저 또다른 전 세계적 유행 중 하나가 아니던가. 예를 들어, 거부 니콜라스 베르그루엔 같은 인물은 적극적으로 미니멀리즘을 주창하고 있었다.

백만장자가 보기에 미니멀리즘은 물건을 적게 소유하는 것을 표방하는 라이프스타일이었다. 생존에 필요한 최소한의 물건들을 가려낸 다음 그것들만 남기고 나머지는 모두 버리는 것.

물건을 곁에 두기 위해서는 일상에서 어떤 용도로 쓰이는지가 분명해야 했다. 백만장자의 생각으론 그런 삶은 히피들의 라이프스타일이었다.

"훨씬 쉽지요."

승려가 웃으며 말하는 소리를 듣고 백만장자는 다시 귀를 기울였다.

"간소한 삶을 살기로 결정하고 나서는 삶에 불필요한 모든 짐들을 버리게 되죠.

그리고 진정으로 중요한 목표를 발견하고, 그것들을 효율적으로 이루기 위한 에너지도 얻게 됩니다.

간소한 삶이란 책임으로부터 도망칠 핑계가 아닙니다. 야망 없는 삶도 아녜요. 게으른 삶에 대한 핑계는 더더욱 아니고요!

단지 더 적은 물건들을 가지고 삶에서 꼭 필요한 것들에 전념하겠다는 선택입니다. 적지만 중요한 것에 초점을 맞춤으로써 신경이 분산되는 일을 막고 행복을 잘 누리도록 노력하는 것이죠."

생각해 보면 맞는 말이었다. 전 세계 최고의 부자인 제프 베이조스나 빌 게이츠, 워런 버핏, 천재라 불리는 마크 저커버그처럼 놀라운 성취를 이룬 사람들은 중요한 일에 집중하는 단순한 삶을 사는 것으로 잘 알려져 있다.

스스로도 쓸데없는 데 신경쓰지 않고 중요한 것에 집중할 수 있는 능력 덕택에 성공했다고 말한다. 큰 그림에 초점을 맞출 수 있게 된다는 것이다.

"간소한 삶이 오히려 야망에 도움이 된다구요?"

궁금하다는 듯이 백만장자가 물었다. 하늘은 짙은 구름으로 뒤덮여 회색빛이 되어가고 있었다. 이곳에서는 비가 오는 날이 극히 드물었지만, 구름이 갑작스레 하늘을 뒤덮는 일은 잦았다.

"그렇지요.

물리적 미니멀리즘을 정신적 영역으로 옮겨오게 되면 본질적인 것을 추구할 수 있는 자유가 주어지죠.

일반적으로 우리가 잡동사니를 쟁여두고 살아가는 이유는 내려놓기가 두렵기 때문이거든요.

지금은 필요가 없더라도 언젠가는 필요하리라고 생각하는 거죠. 두려움과 불안 때문에 간소한 삶을 살지 못하는 겁니다. 예를 들어 간소한 삶을 살면 사람들에게 무시당할 것이고, 사회적인 위상에 손상을 입을 것이며, 야망과 꿈이 사라질 거라고 생각하는 거죠."

마지막 문장은 백만장자로 하여금 현명한 선택을 내리도록 돕기 위한 것이었다. 백만장자는 승려의 뜻을 이해하고는 엷은 웃음을 지었다.

뜻밖에도 바깥에는 빗방울이 떨어지고 있었다. 승려가 차창을 내리자 비에 젖은 흙 내음이 차 안을 가득 채웠다. 중독성 있는 향이었다.

"참 재밌죠. 우리는 사람들을 국적이나 인종에 따라 구분하지만 땅을 적시는 비 내음은 어디서나 같으니까요."

백만장자가 작게 속삭였다. 승려는 용케 이 말을 듣고는 이렇게 답했다.

"맞습니다. 인간은 사물을 구분하지만, 자연은 그러

지 않죠."

"이쯤에서 설명해 주시면 좋겠습니다. 어떻게 제가
은행 계좌를 포기하지 않고도 간소한 삶을 살아갈 수
있다는 겁니까?"

백만장자가 물었다. 자선사업은 그의 강점이 아니었
거니와, 그동안 열심히 일해서 번 돈을 자선사업에 전
부 기부할 생각도 없었기 때문이다.

"간소한 삶을 산다고 해서 은행 예금을 포기할 필요
는 없어요. 오히려 늘어날 거예요!"

승려가 한쪽 눈을 찡긋하며 웃었다.

"본인이 생각하는 간소한 삶에 대해서 몇 가지로 정
리해 설명해 드리지요. 저는 행복으로 가는 길이 짐을
버리는 일에서 시작된다고 생각합니다. 그렇지만 위대
하신 석가모니와는 다르게 우리가 모두 속세를 완전히
버려야 하는 것은 아니죠.

바로 이 지점에서 저는 제가 있던 절의 선사와 충돌

하곤 했습니다. 저는 완전한 금욕에 반대했고, 세상에 동떨어진 삶을 사는 대신 그 안에서 행복을 찾기를 원했죠. 저는 간소한 삶이야말로 행복으로 가는 첫 단계라고 생각합니다."

승려가 사뭇 진지하게 말했다.

"그동안 간소한 삶을 통해 행복에 대한 답을 찾기 위해 고민하고 노력해 왔습니다. 물론 진전이 있었지만 여전히 완전히 확신하기는 어렵죠.

그런 의미에서 우리가 생각을 함께 모아보면 어떨까요? 앞 대시보드에 들어 있는 수첩을 한번 꺼내보시겠습니까? 거기에 제 생각들을 적어두었거든요."

승려가 대시보드를 가리키며 말했다.

백만장자는 수첩을 찾아 페이지를 열었다. 첫 페이지에는 달라이 라마의 사진이 들어 있었다. 달라이 라마의 사진을 지니고 다니는 것은 금지되어 있기에 티베트 사람들은 보통 이렇게 일상적인 물건 속에 사진을 숨겨서 가지고 다닌다. 세 번째 페이지에는 아래와 같은 내용이 적혀 있었다.

① 간소한 삶은 물리적인 짐, 정신적인 짐을 모두 내려놓는 것이다.

② 정신적, 감정적으로 행복을 누릴 수 있는 첫 단추는 물건을 줄이는 것이다.

③ 사람들에게는 가용 자원이 있고, 그것을 통해 내면적으로나 외면적으로 삶을 탈바꿈할 수 있다.

④ 간소한 삶은 우리가 집중할 수 있도록 도와주기 때문에 야망에 오히려 도움이 된다.

⑤ 간소한 삶이 안겨주는 가장 큰 혜택은 자유로운 시간이다. 이러한 시간을 활용해 우리는 의미 있는 삶을 일궈갈 수 있다.

⑥ 간소한 삶은 지구에 도움이 된다. 미니멀리즘에 기반한 라이프스타일은 지구에 기여할 수 있는 방식이다.

⑦ 불필요한 짐들을 어깨에 이고 가지 말라.

백만장자는 이 페이지를 다시 읽은 후 잠시 생각에 잠겼다가 아래와 같은 내용을 추가했다.

⑧ 저축한 돈은 번 것이나 마찬가지다.

⑨ 간소한 삶을 산다고 누구나 성자가 되는 것은 아니다. 그 것은 단지 삶에서 추구하는 대상과 목적을 취사 선택하는 하나의 행위일 뿐이다.

⑩ 소비문화에 동참하면서 지갑과 행복을 동내지 말라.

백만장자는 자신이 가장 최근에 구입한 몽블랑 펜으로 이 문구들을 적어넣었다는 사실을 깨닫고는 미소를 지었다. 이런 아이러니가 또 어디 있겠는가 말이다.

"한 가지만 약속합시다. 저는 여기에 21일간 머물 겁니다. 그리고 이번 여행 중에는 일에만 빠져 있진 않으려고 해요.

일 이외에 다른 것들에 대해 생각하는 시간을 가지려고 합니다. 그러니 우리 각자 삶을 행복하게 해주는 것들의 목록을 만들어 여행 마지막 날에 서로 교환해보기로 하면 어떨까요?"

백만장자가 들뜬 목소리로 물었다.

"그거 좋은 생각입니다. 그렇게 하면 저도 행복에 대한 생각을 공유할 수도 있고, 자본주의의 세상에서 온 당신에게서 행복에 대한 무언가를 배울 수도 있겠군요."

앞으로 일어날 일들을 상상하며 둘은 마주 보고 껄껄 웃었다.

간소한 삶은 인생에서
꼭 필요한 것들에만 전념하겠다는 선택이다.

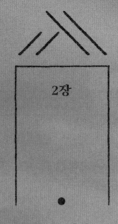

2장

모든 것은
머릿속에서 시작된다

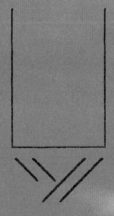

"건강하게 살면서 가족들과 함께 진정한 행복을 누리고
모두에게 평안을 가져다주기 위해서는
먼저 자신의 마음을 다스려야 한다.
마음을 제어할 수 있다면 깨달음으로 가는 길을 발견할 수 있고,
그러면 모든 지혜와 미덕을 자연스럽게 갖추게 된다."

- 붓다

2001년 중국 정부는 중뎬현이라는 어느 조용한 마을의 이름을 샹그릴라로 변경했다. 샹그릴라는 영국인 소설가 제임스 힐튼의 대표작 『사라진 지평선』에 나오는 가상의 이상향이자 유토피아다.

문학 작품의 명성에 기대어 관광객을 끌기 위한 명석한 마케팅 정책의 일환으로, 특히 서구에서 온 방문객들이 티베트 지역의 고요함과 평화를 경험할 수 있도록 설계한 프로젝트였다.

중뎬현이 선정된 이유는 소설에서 언급한 세 가지 주요 요소를 모두 갖추고 있기 때문이었다. 그 세 가지란 바로 숨 막힐 정도로 아름다운 티베트의 자연 풍경과 마을 변두리 지역에서 발견된 제 2차 세계대전 당시의 전투기 잔해, 그리고 신비로운 송첸 링 사원이었다. 곰곰이 생각해 보면 중뎬이야말로 제임스 힐튼이 상상했던 샹그릴라였는지도 모를 일이었다.

백만장자는 샹그릴라 개발 사업에 대한 소식을 접하고 기회가 생기자마자 승려와 함께 공동으로 사업을 시작했다.

승려에 대해서는 중국 정부에서 일하는 백만장자의 측근들이 극구 추천해 온 터였다. 작은 호텔 프로젝트였지만 경쟁자들을 물리치고 이곳에서 사업을 펼친다는 것이 백만장자의 에고에 말할 수 없는 자부심을 안겨주었다.

백만장자는 아침 일찍 마시는 차이를 좋아한다. 특히 그는 달콤한 마살라 차이를 좋아했다. 커피를 즐겨 마시는 사람들은 '젠체하는 사람들'이고 믿을 수가 없다. 그러나 차이를 마시는 사람들은 안정감 있고 믿을 만한 사람들이다.

오늘 아침은 여느 날과 달랐다. 간소함이라는 렌즈를 통해 세상을 바라보기 시작하자 삶의 가벼움 속에 담긴 아름다움이 선명하게 드러나기 시작한 것이다.

백만장자는 징신이야말로 우리가 통제할 수 있는 가장 강력한 도구라고 생각하고 있었다. 과학적인 관점에서 봤을 때, 뇌가 도파민이나 세로토닌 같은 신경전달물질을 내보내 인간의 감정적인 행복을 통제한다는 사실을 그는 잘 알고 있었다.

바로 이런 물질들이 일반적으로 경험하는 '행복'을 관할한다. 두려움, 불안, 고통, 우울 같은 다른 감정들도 머릿속에서 만들어지므로 생각을 통해 사라지게 할 수도 있었다. 생각하고, 상상하고, 결정하고, 행동하는 힘은 모두 내 머릿속에 달려 있다.

이런 기본적인 심리 작용을 이해하고 나면 얼마나 행복한가 하는 문제는 자신의 마음 상태와 직결돼 있다는 사실을 알 수 있다. 물론 머리로 안다고 해서 쉽게 실천할 수 있는 것은 아니지만.

어제 승려와 이야기를 나눈 후에 백만장자는 정신의 공간에서 잡동사니를 제거하고, 그곳을 영속적인 기쁨과 행복이 머물 수 있는 행복의 공간으로 전환시키는 일이 중요하다는 사실을 알게 되었다. 백만장자가 샹그릴라에 지은 것 같은 그런 평화로운 공간 말이다.

"편안히 주무셨나요?"

승려가 이렇게 묻는 말에 생각에 잠겨 있던 백만장자는 놀랐다.

"방은 따뜻했나요?"

"네, 다 좋았습니다. 스위스분들이 바닥 난방을 아주 잘 설치해 두었더군요. 오늘 오후 사무실에 이메일을 보내 그곳 CEO께 공식적으로 감사 인사를 전하려고 합니다.

그나저나 어제 우리가 나눈 간소한 삶에 대해서 생각해 보았는데요. 간소한 삶이 좋은 건 알겠지만, 행복하기 위해서는 좀 더 많은 것이 필요한 게 아닐까요.

만일 행복이 간소한 삶만을 통해서 이루어질 수 있는 것이라면 세상은 지금처럼 돌아가지 못할 겁니다. 인류가 그동안 이뤄낸 물질적인 진보도 없었을 것이구요.
이 문제에 대해선 어떻게 생각하십니까?"

승려는 백만장자가 아침부터 간소한 삶을 생각하고
있다는 데에 놀랐다. 그러나 지난 수년간 호기심 많은
사람들을 충분히 만나왔기에, 승려는 백만장자가 지금
어떤 생각을 하고 있는 건지 짐작할 수 있었다.

"맞습니다. 행복은 단순히 간소한 삶 이상이지요.

저는 지난주에 멋진 미국인 노부부를 만났습니다. 그
분들께서는 그동안 삶에 대해 얻었던 깊은 통찰을 들
려주더군요. 우리 아침식사를 하면서 그 이야기를 함께
해보면 어떨까요?"

백만장자와 승려는 아침을 든든히 챙겨 먹는 것을 좋
아했다. 둘 다 젊은 시절 고생을 많이 한 탓인지 점심
먹는 것을 사치라고 여겼기 때문이다. 그래서 대신 아
침식사를 잘 먹어두는 편이었다.

"패닝 부부는 당신처럼 본인들이 직접 창업한 기업

가들로, 텍사스에 석유 굴착기도 몇 개 소유하고 있습니다. 아마도 70대 초반쯤 됐을 텐데, 40주년 결혼기념일을 축하하러 이곳에 왔다고 합니다.

제가 그분들에게 호기심을 느꼈던 것은 두 분에게서 뿜어져 나오는 행복한 분위기 때문이었습니다. 이분들은 적지 않은 나이임에도 놀라울 정도로 규칙적인 생활을 했죠.

마치 시계를 맞추는 것처럼 여행 일정이든 식사든 일거수일투족을 계획해 둔 것 같았지요.

또한 충분히 누리면서도 결코 선을 넘는 법이 없었습니다. 그래서 저는 패닝 씨에게 어떻게 그렇게 규칙을 철저히 따르면서도 행복할 수 있는지 물었습니다.

패닝 씨는 '행복은 삶의 목표를 정한 다음 거기에 맞게 생활을 맞춰가는 데서 시작되는 법'이라고 말해주더군요. 이어서 이런 말도 했습니다.

'삶의 목표를 정하는 것입니다.

행복으로 가는 본질적인 방법은 중요한 것에 생각을

집중하는 것이에요.

　우리가 집중하는 대상에 에너지가 흐르게 된다는 사
실은 알고 계시겠지요.
　그러므로 행복으로 가는 여정을 시작하기 전에 어디
로 갈 것인지를 먼저 알아야만 합니다. 혼란을 없애고
공들여 세운 목표에 집중할 수 있도록 말이지요.'
　그러면서 패닝 씨는 자신이 사람들과 자주 공유한다
는 '주말 목표 세우기' 습관을 설명해 주었어요. 방법은
이런 식이었죠."

> ① 금요일에 잠들기 전 조용한 환경에서 자신이 달성하고자
> 하는 목표 중 가장 중요한 것 스무 가지를 떠올린 후 메모
> 한다. 그러고 나서 이 목표들을 원하는 방식으로 구분한
> 다. 물질적인 목표, 직업적인 목표, 사회적인 목표, 심리적인
> 목표, 정서적인 목표 등 원하는 대로. 이때 목표를 정직하고
> 성의 있게 적는 것이 중요하다. 그러고선 종이를 베개 밑에
> 넣은 다음 잠들기 전까지 종이에 적은 목표들을 머릿속에
> 떠올린다.

② 토요일에 잠에서 깨어나면 항목들 중에서 가장 덜 중요한 목표 다섯 가지를 삭제한다. 카테고리별로 지울 필요는 없다. 그냥 전체 목록에서 가장 덜 중요한 것 다섯 개를 찾아 지운다. 그리고 나서 그날 일과 시간에 목표를 떠올리면서 무언가 추가할 것은 없는지 곰곰이 생각해 본다. 밤이 되면, 조용히 자신과의 시간을 보내면서 다섯 개를 추가로 삭제한다. 추가한 것이 있었다면 그에 맞춰 추가로 더 삭제해서 열 가지 목표만 남기도록 한다. 그리고 나서 마찬가지로 목표 목록을 베개 밑에 두고 잔다.

③ 일요일에 잠에서 깨어나면 다섯 개를 또 지운다. 그리고 나면 이제 다섯 가지 목표만 남는다. 이 다섯 가지가 바로 당신 삶의 목표다. 그 목표들과 함께 살아가고 그 목표를 위해 살아간다. 목표를 이루기 위해 필요한 능력, 사람, 도구를 찾아낸다.

④ 일요일에 자러 가기 전에 각 목표를 이루기 위해 찾아낸 능력, 사람, 도구에 대한 정보를 적는다. 그런 다음 최종 목표와 함께 이것을 이루는 방법을 적은 메모를 베개 밑에 넣고, 자신이 이제 행복을 위한 정신적인 여정을 시작했다는 만족감을 느끼면서 잠에 든다.

⑤ 매일 밤 잠들기 전에 목록을 점검해 본다. 목표와 그것을 이루는 방법을 잠들기 전 가장 마지막 생각으로 떠올린다. 그

> 걸게 하면 점차적으로 마음이 필요 없는 생각들을 걸러내고
> 목표에 집중하게 되어 행동으로 결과가 드러나게 된다.

"이렇게 되면 당신은 다음 단계로 넘어갈 수 있게 됩니다. 바로 '할 일 목록'에 따라 살아가는 것이죠."

승려는 잠시 멈춘 다음 차이를 한 모금 마셨다.

"저도 할 일 목록을 사용하는 것을 좋아합니다."

백만장자가 급하게 끼어들어 말했다. 생각을 나서서 말하려는 것이 꼭 어린아이 같았다.

"할 일 목록을 사용하면 생산성이 크게 높아집니다. 일상적인 일에 매몰되는 일을 막고 꼭 필요한 일에 집중하도록 해주는 중요한 도구죠.

할 일 목록은 아침에 작성하는 것이 가장 좋은데, 그렇게 하면 하루를 계획할 수 있거든요. 아침에는 마음이 차분하므로 그날 하루를 전방위적으로 바라볼 수 있는 여건이 됩니다.

할 일 목록에 너무 항목을 많이 채우면 달성하는 데

부담이 뒤따를 수도 있습니다. 그러므로 목록은 간소하게만, 그러나 번호를 매겨서 정확하게 관리하는 것이 가장 좋습니다. 그렇게 해야 마음이 편안해지고 목록에 압도되지 않지요.

밤이 되면 할 일 목록을 확인하고 완료한 항목에 체크 표시를 합니다. 모든 항목을 완료했으면 가장 좋겠지만, 만일 그렇지 않더라도 걱정할 필요는 없죠. 다음 날 또 하면 되니까요.

완료한 항목에 체크 표시를 하면 만족감이 발생해서 자신감이 향상됩니다. 기운이 나면서 앞으로 해나갈 일들에 대한 에너지도 생기죠.

그렇게 함으로써 집중력이 좋아져 더 많은 일을 성취할 수 있게 됩니다."

백만장자는 만족감으로 얼굴이 상기된 상태로 말을 끝맺었다. 그는 선생님으로부터 칭찬 스티커를 받기를 기다리고 있었다!

패닝 씨의 방법이 이제 또다른 선각자에 의해 검증받게 된 것이다.

아침식사 후, 백만장자와 승려는 호텔이 있는 지역의 지사를 만나러 갔다. 지사는 중국 정부를 대면하는 인물로 투자자들을 환영했으며, 업무 상황에 대한 질문을 던지곤 했다.

그와 연락하며 지내는 동안 투자자들은 여러모로 도움을 받을 수 있었고 더 많은 투자자들을 끌어모을 수도 있었다.

중국 정부는 그런 의미에서 다른 나라에 비해서 투자자들을 후하게 대접했으며, 그로 인해 지난 수십 년간 경이로운 성장을 이룰 수 있었다.

백만장자는 중국이 사회주의의 옷을 입은 자본주의 사회라고 굳게 믿고 있었다. 반면, 인도는 자본주의의 옷을 입은 사회주의 국가라고 여겼다.

지사는 55세로, 이런 표현이 적절할지 모르겠으나 귀여운 외모를 갖고 있었다. 웃을 때는 입보다는 눈을 더 많이 움직였다.

백만장자는 그의 말을 알아듣지는 못했지만, 명확하게 드러나는 지사의 만족한 표정, 우려하는 표정 덕분에 자신이 진심으로 이 나라에서 환영받고 보살핌을 받고 있다고 느꼈다. 행복에는 전염성이 있는 거라고 그는 생각했다.

리조트로 돌아오는 길에 승려는 백만장자와 함께 라마 주지승을 만나러 갔다. 깨달은 자의 공간에 걸맞게 그의 방에는 다른 것 없이 꼭 필요한 몇 가지 물건들만이 자리하고 있었다.

운 좋게도 라마는 막 명상을 끝난 상태였고, 얼굴에는 신성한 행복의 빛이 돌고 있었다. 승려는 이미 그에게 백만장자 이야기를 자주 들려주곤 했다. 그렇기에 라마는 이번처럼 프로젝트에 투자하는 일이 갖는 경제적 잠재력과 긍정적인 사회적 영향력을 잘 알고 있을 정도로 앞을 내다보는 능력이 있는 인물을 마침내 만나게 되었다는 사실에 기뻐했다.

라마는 다른 승려들처럼 어린 시절을 인도에서 보낸 적이 있었다. 그는 달라이 라마를 도운 인도 사람들에게 깊은 존경심을 갖고 있었다. 그렇기에 그는 백만장자에게 밥과 렌틸콩으로 이루어진 간소한 식사를 제공하고 싶어했다.

라마는 백만장자에게 농담으로 인도에서 피클을 좀 가지고 왔느냐고 물었다. 아주 오래 전부터 인도인들은 침략자가 아닌 상인이자 사업가로 전 세계를 여행해 왔다. 그리고 그 과정에서 문화와 음식, 지혜를 전파했다.

라마의 경우에는 다람살라에서 지낼 때 망고 피클을 특히 좋아했다. 단순한 기쁨이 때로는 가장 충만한 만족감을 주곤 하는 것이다.

이들이 차를 마시며 점심식사를 기다리는 동안 자연스럽게 대화는 명상에 대한 주제로 이어졌다.

"고대로부터의 지혜와 경전에 따르면, 명상은 각기 다른 형태와 형식을 가졌다 하더라도, 궁극적으로는 마음을 차분하게 하고 에너지를 집중시키기 위해 수행하는 것입니다."

라마는 설명했다.

"그렇기 때문에 명상은 사람마다 각기 다른 의미로

정의될 수 있겠지요. 철학과 테크닉과 관련해서도 여러 종파들이 존재하고요. 이런 종파들마다 각각 장단점도 갖고 있죠. 그러나 이들 사이에서도 명상의 목적만은 모두 같습니다.

바로 마음, 몸, 영혼의 조화를 이루자는 것이지요.

그렇기 때문에 제 생각에는 조화로움을 얻을 수 있다면 어떤 행동이든 명상이라고 할 수 있습니다. 굳이 정통 요가를 배우거나, 올바른 명상법을 찾아내려고 할 필요가 없는 것이지요."

조화로움이라는 표현은 서로 잘 어울려 모순됨이나 어긋남이 없을 때 주로 쓰인다. 백만장자는 '마음, 몸, 영혼의 조화'가 정확히 어떤 의미인지 곰곰이 생각하기 시작했다.

라마가 백만장자의 모습을 보고, 추가 설명이 필요하다는 걸 알아차리고는 말을 이어갔다.

"어떤 사람들에게는 요가만이 명상이겠지만, 다른 사

람들에게는 정원에서 산책을 하는 것도 명상이 될 수 있습니다.

또 어떤 사람들에게는 기도문을 읊는 것이 명상이고, 또 다른 사람들에게는 인기 가수 키쇼르 쿠마르(Kishore Kumar)의 노래를 듣는 것 또한 명상이 될 수 있죠."

마지막 문장은 발리우드 영화 음악을 좋아하는 승려가 듣게끔 한 말이었다.

"사실대로 말하자면, 조용한 상태에서 차이를 마시면서 생각을 가만히 들여다보는 일도 명상에 해당합니다. 그렇기 때문에 정해진 원칙이나 선입견에 따라 명상을 규정할 필요가 없습니다.

대신, 아주 짧은 시간 동안이라도 스스로의 영혼과 연결될 수 있도록 도와주는 일이라면 그것이 바로 명상입니다.

그런 일을 찾아서 하십시오. 그런 일이야말로 삶의 에너지와 행복으로 통하는 강력한 에너지원이기 때문입니다.

다른 사람이 어떻게 명상해야 한다고 알려주는 규칙들을 신경쓰지 마세요. 본인만이 자신에게 가장 잘 맞는 것이 무엇인지 알 수 있으니까요. 소신 있게 밀고 나가면 됩니다."

라마는 미소를 지은 후 김이 모락모락 피어오르는 밥그릇과 그 앞에 놓인 렌틸콩이 들어간 요리인 '달'을 가리켰다.

백만장자는 라마가 명상에 대해 들려준 말이 퍽 마음에 와닿았다. 백만장자는 자리에 앉아 명상하는 '이상적인' 방식을 따르지 못하는 편이었기 때문에 더욱 그랬다.

여러 가지 방법으로 시도해 보았지만 워낙 마음이 부산스럽게 움직이는 통에 집중이 분산되곤 했다. 그러나 라마가 방금 들려준 설명이 맞다면, 그는 매일 아침 차를 마실 때마다 이미 명상을 하고 있었던 것이다!

생각해보니 차를 마시는 동안 백만장자는 오롯이 혼자 내면에 집중했다. 매일 아침 차를 마시는 행위가 그만의 명상 방식이었던 것이다.

'라마는 어떻게 아셨을까? 이것은 우연인가, 아니면 신의 가르침인가?'

백만장자는 행복으로 가는 길의 문이 열리고 있음을 직감했다.

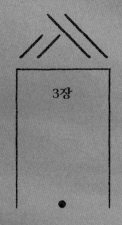

3장

·

행복은 단순하다

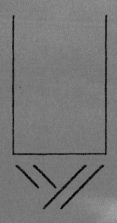

"아름다움은 행복이 전해주는 약속이다."

- 스탕달

"아침이면 머릿속에 떠올리는 생각이 무엇인가요?"

승려가 지나치게 캐묻는다는 느낌이 들지 않도록 조심하면서 물었다.

"통신 산업 미래에 대한 연구 내용과 전 세계적으로 사람들이 데이터를 소비하는 방식을 떠올립니다."

백만장자가 사실대로 말했다. 아이패드에서 여전히 눈을 떼지 않은 상태였다.

"인류가 가상 현실과 디지털 세계로 인해 변곡점에 서 있다는 말이 사실인가요? 기술이 새로운 시대의 코카인입니까?"

이번에 승려는 자신의 질문이 백만장자를 성가시게 하리란 사실을 알면서도 굳이 물었다. 사실 질문을 던지는 것은 언제나 승려가 가장 좋아하는 일이기도 했다. 무언가를 얻기 위한 첫 단계가 바로 질문이라는 사실을 승려는 자신의 직업을 통해 이미 체득하고 있었던 것이다!

백만장자는 아이패드를 테이블 위에 내려놓고는 잠시 뜸을 들이다 말했다.

"스마트폰을 쓰고 가상세계에 접속하는 일은 인류의 진보 과정에 있어서 중요한 지평이자 동시에 저주입니다. 이것은 부인할 수 없는 사실이지요.

기술은 인류에 오랜 기간 영향을 미치게 될 것입니다. 모든 게 너무 빠르게 발전하고 변화해서, 우리 시대의 가장 뛰어난 지성인들조차 앞으로의 전망을 뚜렷이 그려낼 수 없는 상황이죠.

제 의견을 말하자면 기술을 포용하는 것은 필요한 일이지만, 늘 조심성을 기울여야 한다고 생각합니다. 우리 삶에는 이미 기술이 깊숙이 들어와 있지만, 기술이 우리에게 봉사해야 하지 거꾸로 주인이 되어서는 안 된다는 것입니다.

기술은 우리가 일상에 더 많은 가치를 더할 수 있게 해주는 좋은 도구이지만, 그것이 우리를 지배하기 시작하면 관계를 즉시 재정립해야 합니다.

우리가 스마트폰 같은 개인용 기기 화면을 들여다보는 시간 때문에 사회적인 행동뿐 아니라 마음의 힘도 변화하고 있다는 사실은 이미 잘 알려져 있습니다.

사회 전체가 가상세계가 주는 편안함에 경도되면서 신체적으로 격렬한 활동을 점점 더 멀리하고 있습니다. 게다가 다양한 연구 결과에 따르면 디지털 기기를 과도하게 사용할 시 불안, 집중력 저하, 우울증, 불행감의 주요 원인이 되기도 하고요.

계속해서 스마트폰을 확인하고 싶다는 충동이나 SNS 포스팅에 반응이 없을 때 받게 되는 거부당한 느낌, 현실의 삶과 가상세계의 삶을 비교했을 때 느껴지는 우울감 등은 심각한 정신건강 문제로 이어지고 있고, 더 나아가 세상에 불행을 퍼뜨리고 있습니다. 그렇기 때문에 전원을 끄는 것의 중요성을 배워야 하는 것이죠!

맞습니다. 스마트폰의 전원을 끄는 것은 이제 양치질

을 하는 것처럼 일상에서 매우 중요한 일이 되었습니다. 밤에 스마트폰을 침대 곁에 두고 잠자리에 드는 것은 예상보다 행복감에 훨씬 심각한 방해 요인이 될 수 있습니다. 직접적인 해로움이 당장 수면 위로 드러나는 습관은 아닐지언정 무의식의 영역에서는 이미 다각도로 손상을 끼치고 있는 것이지요.

하루 24시간, 휴일도 없이 온라인상에서 연결되고자 하는 충동과 관심의 시대에 동참하고자 하는 욕망으로 인해 우리 삶의 단순한 기쁨이 사라지고 있습니다."

'관심의 시대라고?'

승려는 석기시대, 철기시대, 산업시대, 그리고 자본주의 시대라는 말까지도 익숙했지만, 관심의 시대라는 말은 방금 처음 들은 터였다. 그러나 이 단어가 사용된 시대적 배경에 대해서는 익히 이해할 수 있었다.

"그렇지만 기기에서 멀리 떨어지는 일은 말이 쉽지 실제로는 어렵겠죠."

승려가 백만장자의 아이패드를 장난스럽게 가리키면서 말했다.

"제 말이 바로 그 말입니다."

백만장자가 싱긋 웃어보였다.

"SNS에 쓰는 시간, 웹 드라마 시리즈를 보거나 깊은 생각 없이 수요할 수 있는 디지털 콘텐츠를 사용하면서 목적 없이 보내는 시간은 점점 사람들을 좀비화시키고 있습니다. 일상적인 활동에 대한 집중력을 떨어뜨리고, 일터에서도 생산성을 저하시키고 있지요.

사람들이 SNS에 올릴 영상이나 셀카를 찍다가 목숨을 잃는 위험에 처하게 되는 비극적인 사건도 종종 들려오지 않습니까. 사람이 집착에 빠지면 얼마나 깊은 어리석음에 빠질 수 있는지 보여주는 일이기도 하지요.

물론 제 사업에는 나쁘지 않은 일일지 모르겠지만, 제 가정에서는 아이들에게만큼은 온라인 콘텐츠 수요에 대한 규칙을 세우고 기기를 활용하는 데 대해서 엄격한 시간 제한을 두고 있습니다. 부작용을 잘 알고 있기 때문에 결코 소홀히 넘어가지 않도록 하고 있죠."

곰곰이 생각하던 백만장자는 이런 말을 덧붙였다.

"자본주의에서는 위선이 흔하게 일어납니다."

백만장자는 아이패드로 다시 일을 하기 시작했다. 승려는 자리에서 일어나 이탈리아 여행객들이 안내 데스크 쪽에서 왜 갑자기 국가를 부르는지 확인하러 나섰다. 아마도 이탈리아 축구팀이 이긴 모양이었다.

'인도인과 이탈리아인들은 닮은 구석이 있군.'

이렇게 생각하면서 승려는 미소를 지었다.

백만장자는 잠시 휴식이 필요했기에 낮잠을 자러 가기로 했다. 샹그릴라의 느린 삶의 속도가 백만장자로 하여금 지난 수십년 동안 부족했던 잠을 보충할 수 있도록 해주고 있었다!

오후에 두 사람은 푸다쿠오 국립산림공원을 방문하기로 되어 있었다. 호텔 투숙객들을 위한 여행 코스에 해당 공원을 어떻게 포함시키면 좋을지 구상하기 위해서였다.

◡

공원의 아름다움은 경이로울 정도였다. 완만하게 경

사진 목초지와 푸른 산, 반짝이는 호수가 그림 같은 풍경을 이루고 있었다. 아주 오래된 소나무를 비롯한 상록수들은 수정처럼 맑은 수면과 대비되어 선명한 풍경을 이루고 있었다. 언덕 위의 자연은 고요하지만 생동감이 넘쳤다.

이곳에 정착해 특별함을 더해주고 있는 흑두루미들이 합창하는 소리가 풍경의 아름다움을 배가했다. 지금 이 순간 경험하고 있는 것은 다름이 아니라 의심의 여지없이 순수한 행복이었다.

바로 그때 백만장자의 마음속에는 자신이 제2의 고향이라 여기는 뭄바이가 떠올랐다. 그리고 자연스럽게 뭄바이의 콘크리트 숲에 대한 생각이 이어졌다.

그는 콘크리트로 뒤덮인 정글의 왕국에서 대부분의 사람들이 어떻게 살아가고 있는지를 골똘히 생각하게 되었다.

'어떤 사람들은 뭄바이의 스카이라인과 사랑에 빠진다. 어떤 사람들은 뭄바이의 음악이 소란스럽다고 한다. 또 어떤 사람들은 뭄바이의 음식을 진미라고 여긴다. 윈도우 쇼핑이나 클럽을 이곳저곳 옮겨다니는 사람들뿐 아니라 교통 소음마저도 모두가 뭄바이에서 뺄 수 없는 부분이다.

좋건 싫건 그 안에서 나를 포함한 모든 사람들이 순수한 자연을 잃어가고 있다. 바로 그러한 이유 때문에 산이 부르고 있다는 말을 굳이 자동차에 붙이고 다니는 사람이 있는 건지도 모르겠다.'

그의 생각은 계속됐다.

'자연은 치유의 근원이다. 무한한 행복의 원천이므로, 콘크리트 숲에 사는 우리는 일상에 그 행복을 들여와야만 한다. 인공적인 조형물이 아닌 실제 자연과 호흡하는 일이 디자인과 시스템을 통해 우리의 라이프스타일로 통합돼야만 한다.

공기가 잘 통하도록 설계된 건물에 살면서 화분을 집 안에 들여놓고, 반려동물을 기르고, 여유 있게 일출과 일몰을 감상할 시간을 내는 것. 자연 속에서 산책하고 피크닉을 즐기는 것. 자연의 소리를 담은 음악을 듣는 것이 모두 우리의 삶에 자연이 주는 긍정적인 에너지를 들여오는 데 도움을 줄 것이다.

아주 작은 행위일지라도 자연과 함께하려는 노력을 기울이면 일상에 매몰되는 대신 의미 있는 일을 추구할 수 있게 된다. 아내가 주장하는 것처럼 공원에서 산책을 하면 신경이 차분해져서 의사를 찾아가는 횟수가 열 번도 더 줄어드는 게 맞을지도 모르겠다.

어쨌거나 자연과 대면하는 것이 우리의 일상을 다양한 행복의 색채로 채워준다는 것만은 틀림없는 사실이다.'

생각이 정리될수록 백만장자는 이런 명료한 생각에서 어떤 힘을 느꼈다.

여행이나 관광을 통해서 일상을 벗어나는 일이 전 세계적으로 10억 달러 가치 산업이라는 사실을 잊지 않고 있던 백만장자와 승려는 관광산업에 투자한 것에 축배를 들었다!

리조트로 돌아오는 길에는 침묵이 이어졌다. 행복과 아름다움은 때로 이렇게 외로운 고요함 속에서만 느껴질 수 있는 법이다.

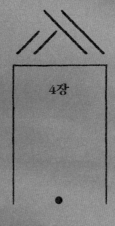

4장

인생의 통제권을 쥐는 법

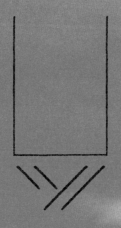

"대부분의 사람들은
스스로 행복해지기로 결심한 만큼만 행복해진다."

- 에이브러햄 링컨

아침에 승려는 마음이 심란했다. 승려답지 않은 일이었다. 이탈리아 투숙객들이 꼭두새벽에 체크아웃하면서 호텔의 값비싼 비품들을 챙겨나갔기 때문이었다.

'빌어먹을 이탈리아인들 같으니라구!'

여행사를 운영하는 친구가 단체 예약을 하도록 도와준 것이 실수였다. 승려는 안 된다고 거절하고 싶었지만 사회적 체면 때문에 그러지 못했고, 이제 와서 그 대가를 치르게 된 것이었다.

승려가 신경써서 고른 말로 강하게 질책하는 동안 객실 관리 지배인의 얼굴이 벌겋게 달아올랐다.

백만장자는 아침 차이 한 잔을 막 끝낸 참이었고, 승려가 호텔 직원을 탓하면서 깎아내리는 장면을 조심스럽게 지켜보고 있었다. 승려가 왜 화가 났는지는 이해가 갔지만 흥분한 승려를 바라보고 있자니 모순된 장면처럼 느껴졌다.

백만장자는 이번만큼은 자신이 승려에게 인생으로부터 해독해 낸 행복에 관한 지혜를 알려줄 차례라고 생각했다.

"작은 일에 고마움을 느끼고 상대를 탓하지 않는 것이야말로 삶의 행복을 얻는 가장 중요한 방법이라는 걸 알고 계시겠지요."

백만장자는 승려가 아침식사를 먹기 위해 자리에 앉는 사이에 단도직입적으로 말했다. 승려는 흥분을 가라앉힌 상태이긴 했지만, 여전히 아침에 벌어졌던 소란의 흔적이 얼굴에서 가시지 않은 상태였다.

"무슨 말인지 아마 잘 아실 겁니다. 우리가 이 두 가지 원칙을 잊을 때면 삶이 갑작스레 나빠지게 되죠. 잘 아시다시피 대부분의 사람들이 실제로는 다른 사람이나 여타 이유로 일어나지 않은 일들에 대해 생각하면서 삶의 많은 시간을 보내고 있죠.

그 일들이 일어나지 않은 이유라는 것은 동료의 행동이나 어린 시절의 사건, 직업적 선택, 투자하지 않기로 한 결정 같은 것이 될 수 있겠죠.

그러나 어차피 한 번 일어난 일은 변하지 않습니다. 과거의 일을 되돌릴 수는 없는 법이니까요. 앙갚음, 기도, 후회, 바로잡기 위한 행동 등 그 어떤 것도 이미 일어난 과거의 사건 자체를 바꿀 수는 없습니다. 바꿀 수 있는 것은 오직 과거에 의해 촉발된 현재라는 시간뿐입니다.

더불어 자신의 삶에서는 오로지 자신만이 통제권을 쥐고 있다는 사실을 깨달으면 해방감이 느껴집니다. 이런 깨달음은 행복에 있어 핵심적인 것입니다.

본인 인생에서 벌어진 일에 대해 남을 탓하기 시작하는 순간, 통제력을 타인에게 넘겨주고 행복해질 권리를 포기하는 것이나 마찬가지니까요. 아무리 엉망이었다 하더라도 스스로 한 행동에 책임을 지는 순간 배움의 기회가 생겨나죠.

반대로 남을 탓하기 시작하면 마음의 작용이 '잘못한

사람'을 찾는 데만 혈안이 되어 같은 상황으로부터 배울 수 있었던 교훈들을 결국 얻을 수 없게 됩니다.

따라서 우리는 남을 탓하는 행동을 반드시 멈춰야 합니다.

저도 동의하는 것입니다만 사람들이 자주 하는 얘기 중에 이런 말이 있죠. 사람들이 각자의 문제들을 탁자 위에 꺼내놓고 서로 비교해 본다면, 아마 대부분의 사람들이 결국 똑같이 자신이 가지고 왔던 문제를 들고 떠날 거라는 얘기요! 맞습니다. 이상하긴 해도 그게 사실이지요.

모든 사람들은 자기만의 어려움을 안고 살아갑니다. 다른 사람은 모르는 문제겠지만 그 어려움을 스스로 이겨낼 힘도 함께 가지고 있습니다. 다시 말해, 이 문제들은 결국 각자가 해결해 내야 하는 맞춤식 문제들이라는 것이지요.

따라서 이미 주어진 것에 감사하도록 하는 대신, 이

렇게 했더라면 좋았을 텐데 하는 말은 그만하는 것이
중요합니다.

이미 가지고 있는 것이나, 혹은 반대로 그렇지 않은
것들은 스스로의 필요에 의해 설계된 것입니다. 그렇기
때문에 오히려 그 카르마의 관내함을 인식하고 감사하
는 것이 도리입니다. 행복해지려면 감사하는 마음을 배
우는 것이 가장 중요합니다."

주의를 기울여 듣고 있던 승려는 백만장자의 이야기
에 몰입하면서 굳어 있던 얼굴이 점점 풀렸다.

"그렇지만 이 사실을 기억해야 합니다."

백만장자는 말을 이어갔다.

"작은 일에 고마움을 느낀다고 해서 큰 목표에 대한
의욕 없이 어제와 똑같은 삶을 살아야 하는 것은 아니
라는 걸 말이죠. 삶에서 오늘보다 더 발전하기 위해 앞
으로 나아가려는 노력은 좋은 것입니다.

다만, 현재를 소중히 여기고 그것에 기반하여 미래
를 만들어가라는 의미죠."

백만장자는 설명을 마쳤고, 그의 말을 듣고 있던 승려는 자신이 저지른 실수를 깨달을 수 있었다. 남을 탓하는 습관이 행복을 찾는 여정을 방해할 수 있다는 사실을 마음속 깊이 알게 된 것이다.

그는 또한 백만장자도 새로운 깨달음을 얻고 있음을 알게 되어 기뻤다. 명민한 사람만이 감사의 중요성을 아는 법이다.

승려는 객실 관리 매니저에게 사과했고, 백만장자에게는 올바른 길을 보여준 데 대한 감사의 표시로 한쪽 눈을 찡긋하며 미소를 지었다. 승려에게는 실로 감사할 일이 많았다.

그날 일정을 보내는 동안 승려는 아침에 일어났던 일을 계속해서 다시 떠올려보았다. 그는 자신이 왜 그 일로 인해 그렇게까지 화가 났었는지 꼭 알고 싶었다.

고객들이 호텔의 물건을 가지고 사라지는 것은 주기

적으로 일어나는 일이었다. 그렇다면 과연 무엇 때문에 이번에는 그렇게까지 과하게 반응했던 것일까?

그는 분노 뒤에 숨겨진 진짜 이유를 찾아내야만 했다. 혹시 자신의 스승과 잠시 대화를 나눠보면 도움이 될지 몰랐다.

라마는 승려가 아침에 있었던 일을 설명하는 것을 조용히 들어주었다. 승려가 순진하게도 객실 관리 매니저에게 했던 험한 말들을 글자 그대로 재연할 때는 미소를 짓기도 했다. 그런 험한 말들은 자신이 좋은 추억으로 기억하는 다람살라에서의 시간을 떠오르게 했다.

다람살라에서는 델리에서 온 관광객들이 말끝마다 욕설을 붙이곤 했다. 이들에게 그것은 웃기 위한 행동이었다. 그런 생각을 할 때쯤 승려는 자신의 이야기를 끝마쳤고, 라마는 승려가 화가 났던 이유를 설명해 주기 시작했다.

"이윤을 기반으로 하는 세계로 돌아가기로 결정한 만큼 인생의 성공과 행복에 있어 가장 중요한 한 가지를 이해하셔야만 합니다. 바로 거절하는 법이죠."

라마는 부드럽지만 단호한 목소리로 말했다. 그러다 잠시 말을 멈춘 라마는 막 창가에 내려앉은 새를 바라보았다.

'이 새도 혹시 라마의 말을 들으러 온 걸까?'

"우리 삶의 많은 불행은 거절하는 법을 배우지 못해 생깁니다.

대부분의 사람들은 배척을 받거나 경제적으로 궁핍해질까 봐, 혹은 단순히 변화가 두렵기 때문에 타인이나 특정한 상황, 관계에 있어 거절하는 걸 두려워하죠.

우리는 어린 시절부터 '예'라고 말하는 것이 성공과 행복의 열쇠라고 믿으면서 성장해 왔습니다. 그렇게 하면 새로운 문이 열린다고 말이죠. 그러나 거절을 한다고 해서 꼭 기회를 잃는 것은 아니랍니다.

단지 본인의 능력과 위치에 기반해 상황을 분석한 후에 거절하고자 하는 마음이 들면, 그렇게 말한 다음 그에 따라 행동하면 그뿐이죠.

어떤 타인이나 상황에 대해서도 원치 않을 때 '예'라고 얘기해야 한다는 압박감을 느끼지 않아도 됩니다. 사람들을 기쁘게 하기 위해 어떤 일을 한다는 것은 위험천만한 아첨을 하는 것과 마찬가지고, 어떤 경우든 끝이 안 좋게 되어 있으니까요.

우리의 마음과 감정이 싫다고 말해야 할 때조차 '예스맨'이 되기 때문에 마음이 요동치는 것입니다. 인간의 비극은 우리가 관계나 커리어, 상황을 원치 않는 '예스'에 기반해서 만들어가기 때문에 벌어집니다.

기회를 놓칠까 봐 거절하지 못하는 삶은 가짜 삶입니다.

계속 이런 식으로 살아간다면 언젠가는 반드시 부작용이 생깁니다. 예를 들어, 거절해야만 하는 관계를 유지하고 있다면 다른 좋은 관계로 향하는 문을 영원히 닫아버리는 일이 될 수도 있죠. 즐거움이 없는 커리어는 반짝이는 재능을 죽이는 일이 될지 모르고요.

주위를 둘러보면 어김없이 몇몇 사람들은 아니라고 말할 용기가 없거나 그러는 방법을 배우지 못해서 여전히 불행 속에 살아가고 있을 겁니다. 그렇기 때문에 아니라고 말해야 할 때는 반드시 단호하게 그렇게 말해야만 하는 것입니다.

각각 눈과 귀, 입을 가려 나쁜 것을 보거나 듣거나 말하지 않았다는 간디의 지혜로운 세 마리 원숭이조차 아닌 것을 아니라고 말하는 것을 중요하게 여겼습니다. 아니라고 말하면 잠시 동안은 괴롭겠지만 삶에서 불필요한 일들을 제거함으로써 만족감을 얻게 됩니다.

그리고 그러한 만족감이 결국 괴로움을 능가하게 됩니다."

라마는 이렇게 제자에게 설교를 마친 후 침묵에 빠졌다. 그러고는 고개를 돌려 새가 있는 쪽을 바라봤는데, 새는 마치 라마의 신성한 지혜를 접수한 것처럼 보였다. 감사 인사라도 하는 듯 새는 머리를 잠시 숙였다가

날아올랐다.

'이 지혜가 새의 내생을 도와줄 모양인 게지.'

라마는 이렇게 생각하고는 미소지었다.

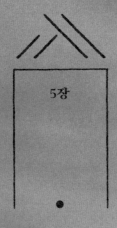

5장

현재를 희생하지 말라

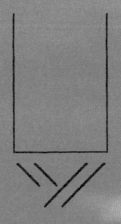

"음악의 좋은 점 중 하나는
듣고 있노라면 고통이 느껴지지 않는다는 것이다."

- 밥 말리

백만장자는 모닝 루틴을 세심하게 정해 지키고 있었다. 새벽 5시면 일어나 찬물로 몸을 씻은 후 자리에 앉아 긍정 확언을 듣는다. 이 확언은 그의 아버지가 20여 년 전에 아들을 위해 녹음해 둔 것이었다. 실로 값진 선물이었다.

백만장자는 친구들에게 자신은 투자 중에서도 건강에 가장 투자를 잘 못한 것 같다고 농담하곤 했다. 요가나 다른 몸 쓰는 운동을 전혀 하지 않고 정신적인 훈련에만 만족하는 수준이었기 때문이다.

정신적인 훈련 중 한 가지로 그는 매일 아침마다 차이가 담긴 찻잔을 손에 든 채 마음속으로 그날 하루의 일과와 계획을 시각화하곤 했다. 그는 목표와 도전 과제들을 규칙적으로 시각화하는 일이 중요하다고 굳게 믿고 있었다.

집에 있을 때면 백만장자는 정원을 가꾸거나 아이들을 위한 아침식사를 만드는 것처럼 일상적인 일들을 즐겨 했다. 그리고 이제 그는 이런 행위들이 어쩌면 명상이었으리라는 사실을 깨닫기 시작하는 중이었다.

오전 8시 이전에는 이메일을 확인하거나 SNS를 하지 않는다는 것도 그가 지키는 원칙이었다. 티베트의 날씨가 추웠음에도 여전히 찬물로 샤워하고 있다는 사실에도 뿌듯해했다. 아마도 다음번에 아내와 찬물 샤워의 장점을 화제 삼게 되면 이번 일을 자랑스럽게 이야기하게 되리라.

그런데 이날 아침, 이메일을 확인하기 위해 자리에 앉은 그는 얼굴이 붉게 달아오르기 시작했다. 카자흐스탄의 한 신문에서 고위급 인사들의 부패를 고발하면서, 백만장자가 통신 사업 인증을 받기 위해 그들에게 뇌물을 바쳤다는 기사를 썼기 때문이다. 백만장자는 몹시 억울하고 화가 났다.

어떻게 이렇게 뻔뻔하게 일의 앞뒤를 바꿔놓을 수 있는 것인가? 백만장자가 당국 인사들을 만족시키기를 거부했기 때문에 서류가 아직까지 처리되지 않고 있다는 것은 만천하가 다 아는 일이 아닌가. 그런데 이제 와서 그들은 백만장자가 하지도 않은 일을 자신의 탓으로 돌리고 있었다. 그로 인해 싱가포르 투자자들과 함께 설립한 합작 벤처회사도 위험에 처하게 되었다.

독자들의 관심을 끌기 위한 이런 선정적인 언론 보도 행태가 횡행하고 있었고, 백만장자는 그에 반대한 바 있었다. 그리고 바로 그 사실 때문에 최고위급 인사들에게 보복을 당하게 된 것이었다.

백만장자는 괴롭힘을 당하는 상황에 익숙치 않았다. 그러나 때가 올 때까지 화를 참고 있다가 반격하는 법만큼은 잘 알고 있었다.

백만장자는 싱가포르의 투자자들을 달래기 위해 기나긴 통화를 하고 나서야 아침식사 자리에 도착했다. 평상시보다 늦은 시간이었음에도 승려는 그를 기다리고 있었다. 두 사람은 함께 앉아 아침식사를 했다. 승려는 백만장자의 마음속에 자리잡은 노여움을 느꼈다.

"별일 없지요?"

승려가 이 말 한 마디를 던졌을 뿐인데도 백만장자의 감정이 폭발하기 시작했다. 감정이 얼마나 격했던지 오히려 승려가 놀랄 정도였다. 어제 승려가 화를 낼 때 객실 관리 매니저가 받아내야 했던 것처럼, 오늘은 승려가 백만장자의 감정을 받아내야 하는 입장이었다. 스스로 지은 업이 너무나 빨리 돌아오고 있었다.

"모든 수단을 동원해 고소할 겁니다. 그들은 본인들이 건드린 게 누군질 모르는 모양이에요."

백만장자는 화가 나서 말했다. 승려는 백만장자의 감정 상태를 고려해 오늘 중으로 예정돼 있던 송첸 사원 방문을 미루기로 결정했다.

안타까운 점은 오늘이 바로 라마 주지승이 묵언 수행을 시작하기 바로 전날이라는 것이었다. 그는 백만장자가 오면 개인적인 면담을 하기로 동의했던 터였다.

한편, 백만장자는 남은 하루 동안에는 법무팀, 사업 동료들과 영상 통화를 하면서 보내기로 결정했다. 상대와 맞서 싸우기 위한 전략과 그에 대한 비용과 결과, 그리고 무기로 쓸 수단들도 전부 따져 보고 갖추었지만 백만장자는 원한 때문에 전쟁에 나선다는 것이 무의미하다는 사실도 잘 알고 있었다. 그렇기에 눈 감고 있는 편이 더 나았겠지만, 백만장자의 에고 속에 자리잡은 악의 갈증만큼은 해소해주어야만 했다.

일이 어느 정도 정리됐을 무렵에는 이미 저녁이 되어 있었다. 백만장자는 조용히 산책을 하기로 했다. 산책 중에 시야가 트여 있는 뜰에 도착했을 때, 모닥불 둘레에 지역 아티스트들이 모여 있었다. 그들은 어쿠스틱 기타로 자신들의 전통음악을 연주하며 노래를 부르고 있었다. 백만장자가 예상치 못한 장면이었다. 승려는 그에게 와서 함께하라는 신호를 보냈다. 음악에는 언제나 사람의 기분을 좋게 해주는 힘이 있다. 백만장자는 승려 옆에 자리잡고 앉았다. 그의 시선에 한 소녀가 들어왔다. 그녀는 고혹적인 우아함을 지녔지만 한편으로는 연약한 느낌도 있는 미인이었다.

백만장자는 비록 이들이 하는 말을 알아듣지는 못했

지만, 모닥불 주변에서 노래 부르고 춤추는 모습에서 느껴지는 열정이 좋았다. 잠시 뒤 마이크가 소녀의 손으로 넘어갔다. 잠시 망설이던 소녀는 자리에서 일어나 입을 열었다. 그러고 나서 들려온 마법 같은 소리는 설명할 수 없는 경이로움 그 자체였다.

비록 백만장자는 노래의 가사를 알아듣지는 못했지만, 그녀의 목소리에 담긴 우수는 그의 가슴을 먹먹하게 했다. 청중들도 감정에 잠겨 있었다. 그 느낌은 전설의 인도 가수 라타 망게스카르(Lata Mangeshkar)가 그 유명한 노래 〈오, 인도인들이여〉를 처음으로 불렀을 때 인도인들이 느꼈던 축복과 같은 류의 것이라 할 수 있었다.

노래가 끝났지만 아무도 자리에서 움직이지 않았다. 누군가가 신체를 건드려야만 정신을 차릴 수 있을 정도였다. 점차 사람들은 마법의 세계에서 현실로 돌아왔다. 그러나 이 한 가지 사실만은 확실했다.

그날 밤 그 노래를 들은 모든 사람들이 신성한 체험을 했음을 느끼고 있었다는 것. 그것은 단순한 노래 이

상의 어떤 것이었다.

"그래, 방금 부른 노래는 무슨 내용이었습니까?"

백만장자는 우수에 젖어 있던 목소리를 수습한 후 물었다.

원망을 내려놓으라는 내용의 노래였다고 소녀의 노래에 역시나 깊이 빠져들었던 승려가 답했다.

"작은 오해로 평화롭던 마을이 무너지고, 전쟁으로 마을이 황폐화돼 절망과 파괴를 남기게 된다는 옛이야기예요. 인간은 원한을 품는 것을 좋아하지요. 물론 원한이라는 건 다른 이름으로도 불릴 수 있습니다. 에고, 복수, 명예, 시기 같은 이름으로요.

그리고 무엇으로 불리건 원한은 실제로는 해를 끼쳤을 수도 있지만 그렇지 않았을 수도 있는 누군가를 향해 반격하려는 욕망을 드러내는 것이지요. 사실 여부와 관계없이 사람들은 자신이 해를 입었다고 생각하고 보복이 필요하다고 느끼는 것이지요.

마을 사람들은 시간, 돈, 때로는 관계처럼 모든 귀중한 자원을 동원해 상대를 이기려 했습니다. 그렇지만 실제로는 대부분 패배자가 되었죠."

그러면서 승려는 노래의 내용을 넘어서서 말을 이어 갔다.

"원한의 문제는 그것이 양날의 검이라는 점입니다. 원한은 양쪽을 모두 절단할 수 있는 잠재력을 가지고 있으면서도 때로는 목표물에 해를 끼치는 것보다 자신에게 오히려 더 큰 해를 끼치지요. 안타깝게도 상당수의 원한은 오해와 잘못된 의사소통, 제한적인 시선의 산물입니다. 실제로는 빨리 사라지게 할 수도 있었던 것들이지요."

백만장자는 서서히 이 이야기와 승려의 해석을 듣는 것이 불편하게 느껴지기 시작했다. 보복을 계획하며 온종일을 보냈는데, 모두에게 역효과를 낸 복수담을 들었으니 말이다. 때마침 이 노래를 듣게 된 것은 승려가 메시지를 전달하기 위해 계획한 일일까? 아니면 더 큰 힘이 그로 하여금 원한의 무익함을 깨달을 수 있도록 마련한 기회였을까?

"그게 사실이라면 부당한 상황에 처한 사람은 어떻

게 하는 것이 좋겠습니까?"

백만장자는 사뭇 진지한 목소리로 물었다.

승려는 찬바람과의 싸움 속에서 점점 꺼지고 있는 불씨를 바라보았다. 그는 더웠던 낮이 지나고 어느새 추운 밤이 되었음을 상기했다. 티베트는 24시간 내에 영상 35도에서 영하 17도를 오가는 극적인 기온 변화를 경험할 수 있는 희귀한 장소 중에 하나였다.

질문을 듣고 생각에 잠겼던 승려는 위엄 있는 태도로 이야기를 계속했다.

"상대를 용서하고 과거의 일을 잊는 법을 배우십시오. 현재의 행복을 희생하여 미래를 위해 과거의 일을 청산하고자 노력하는 것은 의미 없는 행동입니다. 원한을 품기에는 인생이 너무 짧지요. 신문에는 자신의 삶을 파괴하면서까지 원한을 푸는 것을 목적으로 살아가는 비극적인 이야기가 수도 없이 등장합니다. 우리는 용서가 약점이 아님을 항상 기억해야 합니다.

그러나 동시에 다른 사람이 해로운 행동을 할 때는 이를 명확히 지적하고 설명을 구할 만큼 대범해야 합니다. 험담은 듣지 않되 다만 상대방에게 정확하게 당신의 심정을 전달하십시오. 가장 난감한 대치 상황에서도 대화를 시도한다면 깜짝 놀랄 정도로 쉽게 문제를 해결할 수 있습니다. 험담을 즐기고 북돋우거나, 본인이 새로 만들어내는 어리석음을 범하지 마십시오. 삶은 그런 일들로 채우기에는 너무나 소중합니다.

또한 상대에게 미안하다고 말하는 법을 배워야 합니다. 실수를 저지른 후 그것을 인정했다고 해서 해가 되는 법은 없습니다. 사과를 통해 문제가 해결될 수 있다면, 그렇게 해야 합니다. 그것은 결코 부끄러운 일이 아닙니다. 대화와 중재는 소송보다 훨씬 효과적이고 효율적이지요. 소송에는 돈과 시간이 들어가고 스트레스가 야기되므로 이기더라도 손해이기 때문입니다.

마지막으로 유머 감각을 키우는 것이 중요합니다. 때로 누군가가 상처 주는 말을 무시하거나 그저 웃어넘기는 것이 아픔을 덜어줄 수 있기 때문입니다. 사람들이 상처주는 말을 하더라도 그것이 진심이 아니거나, 술김에 하는 말이거나, 해로운 의도가 없는 경우도 많습니다. 따라서 사람들이 하는 말을 일일이 진지하게 받아들인다면 본인이 사는 게 힘들어질 뿐입니다. 그러므로 적당히 넘기는 법을 배워야만 합니다."

승려가 세속적인 문제에 대해서 이렇게나 혜안을 가지고 있었다니! 백만장자는 승려의 깊은 지혜에 경의를 표하기 위해 모자를 벗고 고개를 숙이는 시늉을 했다. 그리고 이로써 승려는 카자흐스탄 법원에서 일어날 뻔했던 소송 한 건을 막아낼 수 있었다.

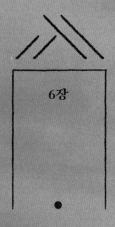

6장

건강한 몸에 행복이 깃든다

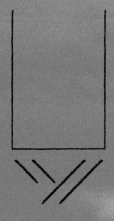

"한번은 이런 말을 들었어요.
행복은 건강이자, 짧은 기억이라고요!
너무 맞는 말이라 내가 직접 한 말이었더라면
좋았을 걸 그랬어요."

- 오드리 헵번

샹그릴라에서 보낸 기간은 어느덧 보름이 지나가고 있었고, 백만장자는 그곳에 잘 적응하고 있었다. 그가 머물고 있는 스위트룸에는 와이파이와 업무용 책상이 갖춰져 있었기 때문에 방에서 그는 편안하게 방안에 앉아 사업을 운영할 수 있었다.

그의 몸 또한 깨끗한 공기, 간소한 음식, 규칙적이고 긴 산책에 긍정적인 반응을 보이기 시작했다. 백만장자는 이곳에서 자신이 신체적 나이를 거꾸로 먹고 있다고 생각했다.

화요일 저녁이라 그런지 호텔은 조용했다. 투숙객은 적었고, 주간에 일하는 직원들도 휴가를 떠나 로비 공간은 조용한 상태였다. 백만장자와 승려는 마치 서로 아무 이야기도 하지 않는 두 명의 대학생들처럼 한가롭게 앉아 시간을 보내고 있었다. 마치 근심 없던 젊은 시절로 돌아간 것 같은 모습이었다.

"어쩐지 처음 봤을 때보다 지금이 훨씬 더 건강해 보이는군요."

승려는 백만장자에게 말했다.

"그렇지요? 오늘 아침, 허리둘레가 줄어든 것을 알게 됐답니다. 허리 통증도 나아졌구요. 그래서 집으로 돌아가면 대학 시절에 탔던 오토바이를 다시 타보려고 생각 중입니다."

백만장자는 웃으며 농담을 던졌다.

"잘 아시겠지만 절에서도 건강에 많은 관심을 기울이지요."

갑작스레 부드러운 목소리를 지닌 어떤 사람이 대화에 합류했다.

라마 주지승이 호텔에서 손님들을 대상으로 탕카 그림 수업을 진행하고 있는 제자들을 확인하러 왔다가, 백만장자와 승려가 여유롭게 시간을 보내고 있는 모습을 발견하고는 자신도 함께하기로 결정한 것이었다.

아무 일도 하지 않을 때면 종종 신성한 에너지가 깃드는 법이다.

"우리 불교인들은 몸을 빌린 것으로 여깁니다.

따라서 영혼이 잘 머무를 수 있도록 몸을 건강하게 유지하는 것이 우리의 책임인 것이지요.

건강한 몸은 행복에 있어서도 아주 중요한 요소입니다."

라마는 벽난로 옆 빈 의자에 천천히 앉으며 부드럽게 말했다.

"몸이 아프면 마음도 가라앉으면서 우울해졌던 경험이 있을 것입니다. 이런 단순한 경험만 떠올려봐도 몸이 아프면 행복하기 어렵다는 사실을 알 수 있습니다. 따라서 행복해지기 위해서는 신체적 건강이 중요한 역할을 한다는 사실을 인정하고, 몸을 잘 돌보면서 감사하다고 여기는 태도가 꼭 필요하다고 할 수 있습니다."

라마 주지승의 말에는 일리가 있었다. 신체의 건강이 행복을 가능케 해준다.

"건강한 몸은 영양, 운동, 휴식이라는 세 가지 측면이 조화를 이룬 결과입니다. 이 세 가지 요소가 건강을 유지하고 향상시키는 데 모두 중요한 역할을 합니다. 이 중 한 가지 구성 요소만으로는 충분치 않으며, 모든 것이 균형을 이루어야 건강하고 행복한 몸을 만들 수 있습니다.

1920년대에 '당신이 먹는 것이 바로 당신 자신입니다'라는 말로 서구에서 잘 알려졌던 미국의 영양학자 빅터 린들라에 대해 들어보셨을 것입니다.

이 말의 뜻은 우리가 먹는 음식이 육체적, 정신적 건강을 결정한다는 것이죠.

그리고 티베트에서는 이미 오랫동안 이런 일을 실천해 왔습니다.

또한 이것은 시대적 상황과도 관련이 있습니다. 우리

에게는 식생활에 있어서, 과거였더라면 불가능했을 다양한 선택권이 주어졌기 때문입니다.

인류 역사상 처음으로 우리 문명은 몸이 필요로 하기 때문이 아니라 식사하는 즐거움을 위해 음식을 섭취하고 있습니다.

점심식사를 하려면 사냥을 나가야 했던 우리 조상들과는 달리, 지금은 봉투를 뜯기만 하면 마법처럼 점심이 차려지지요!

그러나 먹는다는 것은 단순히 몸에 영양을 공급하는 것과는 다른 개념입니다. 인체는 건강한 삶을 살기 위해서는 구체적인 요건을 필요로 합니다.

그렇기 때문에 몸에 영양이 부족하면 심각한 부작용이 일어날 수 있습니다. 반대로 식생활을 개선하면 감정적으로도, 신체적으로도 더 좋은 삶을 살 수 있지요.

건강한 신체를 유지할 수 있게 만드는 두 번째 요소는 바로 운동입니다.

현대인들은 주로 앉은 상태에서 생활을 하고 있습니다. 각종 기계와 장비를 쉽게 활용할 수 있어 일상에서 몸을 쓸 일이 많이 줄었죠. 심지어 승려들도 SUV를 타고 다니기 시작했고요!"

라마는 장난스럽게 웃으면서 승려를 향해 또 한 번 농담을 던졌다.

"이러한 편리는 정신 활동을 추구할 수 있는 시간과 능력을 허용하고 향상시켰지만, 몸은 여전히 활동을 필요로 합니다.

여러 과학 연구에 따르면 운동과 행복 사이에는 강력한 상관관계가 존재하지요. 운동을 하면 엔돌핀을 비롯해 기분을 향상시키는 뇌의 화학물질이 증가된다는 것이 과학적으로 이미 입증되었습니다. 또한 코티솔이라는 스트레스 호르몬 수치도 감소하고요.

작은 신체 운동만으로도 우울증, 불안, 스트레스를 비롯해 여러 감정적인 문제와 정신 질환에 상당한 치유 효과를 볼 수 있습니다.

요가나 긴 산책 같은 운동을 규칙적으로 10~15분이

라도 하는 것이 좋은 출발점이 될 수 있겠지요.

마지막으로 잘 자는 것 또한 굉장히 중요합니다.

최고 경지에 이른 선승들은 종종 '잠이 최고의 명상이다'라는 말씀을 하셨죠."

라마는 달라이 라마를 생각하며 존경을 나타내는 의미로 잠시 눈을 감았다. 달라이 라마의 이름을 사용하는 것이 문제될 수 있기 때문에 라마는 지혜를 전한 사람의 이름을 명확히 언급하지 않았다. 하지만 듣는 이들은 모두 이것이 수면을 중요시하는 달라이 라마를 가리킨다는 사실을 알고 있었다.

"수면은 신체와 정신 건강에 직접적인 영향을 미칩니다. 또한 그와 동시에 신체적, 정신적 웰빙에 있어서 필수적인 요소이지요. 휴식은 우리가 스스로 몸 상태를 조정하는 자연적인 원리입니다.

잠이 부족해지면 당뇨, 비만, 심장병, 면역 저하, 기대수명 감소와 같이 생활 습관과 연관된 다양한 질병이

발생합니다.

그리고 현재 수면 부족은 조용하지만 점점 더 빠르게 현대인의 건강을 위협하는 주요 요소가 되어가고 있습니다. 잠들기 전까지 스마트폰을 쓰는 등 딴짓에 빠져 수면을 경시하는 경향이 위험한 수준까지 올라가고 있는 것이지요."

라마는 과학적으로 매우 정확한 논리를 구사하고 있었다. 이대로 의료학회에 참석해도 좋을 정도였다.

"그렇다면 좋은 수면을 위한 조언을 좀 해주실 수 있을까요, 구루님?"

백만장자가 물었다.

"의학적 치료가 필요한 수준이라면 의사와 상의해야 하겠지만, 그런 경우가 아니라면 숙면을 위한 비법은 매우 간단합니다. 아마 스님께서 잘 알고 계실 텐데요. 이 분야에서라면 박사 수준일 겁니다."

라마가 농을 던지자 승려는 미소를 지었다.

"제가 실천하고 있는 방법들은 아주 간단합니다."

① 수면과 기상 일정을 규칙적으로 정하고 지킨다.

② 피곤할 때 바로 잠자리에 들어 뒤척이는 일이 없도록 한다.

③ 잠자리에 들기 전에는 뜨개질, 그림 그리기, 독서 같은 활동으로 마음 챙김을 한다.

④ 카페인, 알코올, 니코틴이 함유된 화학 식품이나 음료는 피한다.

⑤ 침실을 편안한 수면 환경으로 만든다.

⑥ 불안을 야기하는 문제는 머릿속에 떠올리지 않는다.

⑦ 잠들기 직전에 스마트폰 화면을 보지 않는다.

"전체적으로 몸의 긴장을 풀고 생체 리듬을 유지해 숙면을 촉진하는 데 도움을 주는 방법들이지요."

라마는 잠시 말을 멈췄다가 자리에서 일어나 장작불을 쑤셨다. 그러다가 백만장자를 바라보며 마지막 말을 던졌다. 이 말은 백만장자의 마음에 큰 울림을 남겼다.

"마지막으로, 그 어떤 사람도 여러분 대신 질병을 앓거나 고통을 대신해 줄 수 없다는 사실을 항상 기억하시기 바랍니다.

의학 기술이 아무리 발전하고 자금 여력이 있다 하더라도 그것은 질병과 고통의 수준을 경감시켜 줄 뿐입니다.

생명을 연장시킬 수는 있겠지만, 질병의 고통과 불행만큼은 고스란히 본인이 감당해내야 하는 것이지요.

물론 가족과 친구들이 본인을 안쓰럽게 여기면서 도덕적으로나 정서적으로 지지해줄 수는 있겠지요. 하지만, 그 누구도 당신의 몸을 건강한 몸으로 대체해 줄 수는 없습니다.

그렇기에 질병과의 싸움은 항상 외롭고 불행한 싸움일 수밖에 없는 것이지요."

라마는 특유의 부드러운 어조로 말하고 있었지만, 로비가 워낙 조용해서 그곳에서 근무 중이던 소녀조차도 그의 말을 듣고 이해할 수 있을 정도였다.

의도치는 않았지만 그렇게 또 한 사람이 라마의 지혜로부터 도움을 받게 된 것이다.

그날 이후로 백만장자는 아침에는 꼭 30분 동안 운동을 하기로 하고, 잠자리에 들기 전에도 일정한 루틴을 따르겠다고 다짐했다.

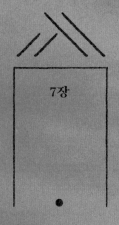

7장

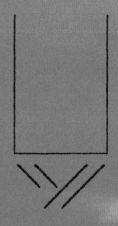

돈으로 살 수 있는 행복

"어렸을 때 나는 돈이 인생에서
가장 중요한 것이라고 생각했습니다.
이제 늙고 나니 그것이 사실이라는 것을 압니다."

- 오스카 와일드

오후가 되자 로비에는 평소와 다르게 들뜬 분위기가 찾아들었다. 상하이에서 경영대학원 학생들이 막 도착했기 때문이었다.

승려는 지역 산업계에서 적극적으로 활동 중인 인물이었다. 그 뿐만 아니라 지역 주민들에게도 기업가로서의 역량을 적극적으로 장려하고 있었다.

승려는 종종 전국을 다니며 양봉 사업에서 차 마케팅에 이르기까지 업종을 불문하고 사회적 기업이 마을 주민들의 삶에 미치는 긍정적인 영향에 대해 강의하곤 했다.

그 결과, 매년 중국 명문 경영대학원에서 네다섯 그룹의 학생들이 샹그릴라를 방문해 이곳의 사회적 기업이 어떻게 의미 있는 활동을 해내고 있는지 가까이서 경험했다. 이번 방문 또한 그런 경우였다.

한 가지 아이디어를 떠올린 승려는 백만장자에게 열 띤 얼굴로 이야기했다.

"오늘 돈 얘기를 좀 해주시면 어떨까요? 학생들이 모 두 영어를 하거든요. 그러니까 백만장자가 하는 이야기 를 들을 수 있다면 매우 좋아할 겁니다."

백만장자는 승려의 아이디어가 마음에 들었다. 다른 문화권의 사람들과 이야기를 하다 보면 본인에게도 새 로운 관점이 생기곤 했기 때문에 자신에게도 도움이 됐다.

백만장자는 머릿속으로 그날 저녁 시간을 준비를 하 기 시작했다. 문제는 어떻게 학생들에게 흥미롭게 이야 기를 들려줄 것인가 하는 것이었다. 고민 끝에 백만장 자는 세션 제목을 '행복은 살 수 있다'라고 지었다. 물 론 젊은 청중들에게는 그 반대 의견이 더욱 설득력 있 게 들릴 것이란 사실도 그는 잘 알고 있었다.

식당에서 열린 이번 비공식 행사는 승려가 백만장자

와 그의 업적을 소개하는 것으로 시작되었다. 백만장자가 마이크를 건네받자 청중들은 큰 박수로 그를 환영해 주었다.

"타시 델렉(tashi deleg)! 여러분, 저희 호텔에 오신 것을 환영합니다. 이곳에 미무는 동안 즐기운 시간을 보내시기 바랍니다."

백만장자는 티베트 말로 친근하게 인사를 건네며 강연을 시작했다.

"아마 행복은 돈으로 살 수 없다는 말을 다들 들어보셨을 겁니다. 그런데 제가 만일 이 말이 거짓이라고 한다면 여러분은 어떻게 생각하시겠습니까?

돈이 행복의 필수 요소 중 하나라고 주장한다면요? 이 말은 여러분이 지금까지 들어온 것과 상반될 수도 있겠지만, 바로 이것이 진실입니다."

청중은 귀를 기울였다.

"좀 더 설명해 보죠. 돈과 행복은 둘 다 대부분의 사람들이 이해하는 것보다 훨씬 크고 넓은 개념입니다.

다시 말해 행복은 단순한 방종이 아니며, 돈은 단순히 현금을 보유하는 것만을 뜻하지 않죠."

백만장자는 청중들이 자신이 한 말을 이해할 수 있도록 잠시 뜸을 들였다.

"그렇기 때문에 돈이라는 개념을 추구하는 행위와 무모하게 돈을 추구하는 행위를 서로 구분하는 것이 중요합니다. 후자는 확실히 바람직하지 않지만 전자는 본질적인 것이지요. 돈은 우리의 행복 지수에서 없어서는 안 될 일부입니다.

아침에 조용히 차 한 잔을 마시거나, 사랑하는 이와 점심을 먹을 때도 돈은 필요합니다. 그러나 이것이 유일한 구성 요소일까요? 그렇진 않죠."

청중들로부터 수긍하는 듯한 웅성거림이 들려오기 시작했다.

"사실, 돈의 개념은 네 가지 차원으로 구성됩니다. 이 네 개 차원에 대해 알고 나면 돈이 일반적으로 이해하는 것보다 훨씬 큰 개념이며 행복과 돈 사이의 상관관계가 불가피하다는 사실을 깨닫게 될 것입니다.

저는 커리어를 막 시작할 당시만 해도 돈에는 두 가지 차원만이 있다고 생각했습니다. 수입과 소비 말이죠. 그 때문에 언제나 액수와 관계없이 돈으로부터 행복을 얻는 데 실패하곤 했어요.

그렇지만 머리카락이 희끗해지기 시작하면서, 돈의 두 가지 다른 차원에 대해서도 알게 되었습니다. 그리고 이 네 가지 차원과 모두 조화를 이루기 시작한 이후로 제 삶은 돈이 가져다주는 행복으로 가득 차게 되었습니다!

오늘 저는 그동안 외면되어 왔던 돈의 다른 두 가지 측면을 여러분과 공유할 것입니다."

이쯤 되자 관객들은 점점 더 그의 말에 귀를 기울이게 되었다. 백만장자로부터 예기치 않게 금전에 대한 비밀을 듣게 된다는 생각이 군중들 사이에 호기심을 불러일으킨 것이다.

백만장자는 물을 한 모금 마신 후 이렇게 말했다.

"돈의 네 가지 차원은 바로 이것입니다."

```
수입
소비
저축
투자
```

"소득, 급여, 배당금, 이익, 이자, 수수료, 보상은 모두 같은 것을 의미합니다. 우리의 노력에 대한 대가를 현금 등으로 지급하는 것이죠. 모든 사람들이 일반적으로 이해하는 가장 뚜렷하면서도 즉각적인 측면입니다.

예를 들어 우리가 일하면 돈을 법니다.

아주 간단하죠.

그러나 수입만이 돈인 것은 아닙니다. 소득은 돈을 이루는 네 가지 기둥 중의 하나일 뿐이죠. 그러므로 수입과 돈을 동일시하기 시작하는 순간 우리는 길을 잃게 됩니다. 이것이 바로 아무리 많이 벌어도 결코 행복할 수 없다고 불평하는 사람들이 생겨나는 이유입니다. 사실 이 경우 그들은 단순히 수입이 돈을 버는 것은 아니라는 사실을 이해하지 못하고 있는 것입니다. 현금 흐름을 창출하는 것이지 무조건 돈이 벌리는 게 아닌 것이지요.

그저 수입 창구가 생겨난 것에 불과합니다. 이렇듯 수입은 돈의 여러 차원 중 하나일 뿐입니다. 돈 또한 행복의 한 가지 요소에 해당합니다. 그러므로 단순히 소득이 있다고 해서 그것이 곧 행복으로 이어지는 것은 아니겠지요?

바로 이 사실을 깨닫는 것이 행복이나 슬픔으로부터 돈을 구분해 내는 첫 번째 방법입니다.

자, 그럼 이번에는 돈의 두 번째 차원인 소비를 살펴보도록 하지요. 이때 중요한 것은 수입을 잘 활용하는 것입니다. 우리 중에는 소비하기 위해 살아가는 경우가 더러 있습니다. 심지어 어떤 사람들은 쇼핑하고 싶어 죽을 지경이라고들 하죠!"

방안에 작은 웃음소리가 터져 나왔다.

"우리는 대부분 발생한 수입으로부터 소비하는 것이

돈을 통한 행복의 원천이라고 인식합니다. 원하는 것을 살 수 있다면 행복할 것이라고 말이죠.

그러니 수입을 소비하는 행위에서 만족감을 못 느끼면 재빨리 돈으로는 행복을 살 수 없는 거라고 설명하곤 하죠.

바로 이것이 우리가 행복을 정의할 때 한 가지 차원만을 제한해서 고려하는 것과 동일한 실수를 저지르게 되는 두 번째 지점입니다."

청중들은 백만장자가 설명하는 논리의 흐름을 이해하기 시작하고는 동의하는 신호로 고개를 끄덕였다.

"우리는 아이러니하게도 소득과 소비만으로는 크게 행복하다고 느끼지는 않지만, 무분별하게 소득만을 추구하거나 생각 없이 소비하면 틀림없이 불행해집니다.

따라서 행복해지는 데는 생각만큼 영향을 받지 않을 수도 있지만, 잘못 사용할 경우에는 압도적인 수준으로 불행하게 되는 것이지요.

저도 압니다. 이것은 이상적인 상관관계라는 것을요. 그러니 여러분께서는 잠시 곱씹으면서 이러한 상관관계를 스스로 이해하고 분석해 보도록 하십시오."

청중들은 침묵했다. 아마도 직접 이 설명을 머릿속에 떠올려보고 있는 듯했다.

한편, 승려는 얼굴에 미소를 띠운 채로 구석 자리에 앉아 있었다. 그는 학생들이 몇 분 동안 이 자리에서 배운 것이 대학원 생활 2년 동안 배우는 것보다 훨씬 많을 것이라는 사실을 알고 있었던 것이다.

"그럼 이제 그동안 잘 알려지지 않았던 돈의 다른 두 가지 중요 차원들을 알아보고, 그것이 어떻게 여러분의 행복에 영향을 미치는지 살펴보도록 하지요.

바로 이 두 가지 차원이 돈이 주는 진정한 행복의 원천이므로 주의 깊게 들어주시기 바랍니다."

청중의 주의를 끄는 데 성공하여 열렬한 관심을 받으며 비즈니스 거물로서의 후광을 제대로 발하고 있는 백만장자가 말했다.

"젊은이들은 저축이 노인들을 위한 것이라고 생각합니다. 그렇지만 노인들은 젊었을 때 진즉 저금을 시작하지 않았던 것을 후회하지요!

저축이라는 것은 자발적으로 해야 하는 것이기 때문에 많은 사람들이 그것을 무시하곤 하지만, 바로 이 저축이 돈의 세 번째 차원입니다.

우리는 저축이 필요한 순간이 될 때까지, 저축해야 하는 이유를 정확히 모르는 경우가 많습니다. 돈을 모으는 재미도, 보람도 느끼지 못하죠. 그렇기 때문에 그 중요성을 제대로 보지 못하는 것입니다.

그러나 사람들이 흔히 말하듯이, 맑은 날에 미리 계획해 두지 않으면 비가 내리는 날에 고생하게 되는 법이지요.

그렇기 때문에 누구에게나 저축을 위한 계획과 엄격한 규율이 필요합니다. 투자에 대해서는 뒤에서 다시 다루겠지만, 저축은 투자와는 다르다는 사실을 명심하도록 하세요. 앞으로 여러분은 지금부터 제가 알려드리는 변수를 대비하기 위해 항상 저축액을 확인하는 버릇을 들이기 바랍니다."

유동성	저축은 유동성이 높아야 한다. 즉, 최소한의 비용으로 신속하게 저축액을 손에 넣을 수 있어야 한다.
접근성	저축은 지리적으로 어느 곳에 있든지 간에, 혹은 특정한 시간에도 관계없이 항시 접근할 수 있어야 한다.
무위험	저축에는 위험 요소가 없어야 하며 시장 여건이나 변동의 영향을 받지 않아야 한다.

"당신의 저축이 위의 요소를 모두 만족시킬 때에만 저축이라고 부를 수 있습니다. 그래야 이 저축으로 인해 여러분이 편안하고 행복한 삶을 살 수 있습니다."

이때 백만장자는 문득 청중들 사이에 라마 주지승도 자리하고 있다는 사실을 깨달았다. 조금 놀랐지만 백만장자는 이내 그의 존재를 알고 있다는 것을 전달하기 위해 라마 주지승에게 미소를 지어 보였다.

"마지막으로는 투자를 살펴보도록 하지요."

백만장자 본인도 전 세계적으로 판도를 바꾸어놓았던 투자 베팅에 올라탐으로써 거액을 거머쥔 경우였다.

백만장자는 하이테크계의 게임 체인저이면서도 전통적인 가치를 고수하는 투자자로 정평이 나 있었다. 업계 내에서는 백만장자 한 사람이 수익을 창출하는 능력이 전 세계적으로 가장 뛰어난 헤지 펀드의 전체 팀원들과 겨뤄도 결코 뒤지지 않을 거라는 소문이 돌고 있었다.

"간단히 말해서, 투자는 당신이 열심히 일하는 만큼 돈도 스스로 열심히 일하도록 만드는 것입니다."

백만장자는 설명을 이어갔다.

"금융의 관점에서 화폐의 시간 가치라는 개념을 살펴보자면, 시간이 지남에 따라 화폐의 가치는 인플레이션으로 인해 줄어듭니다.

간단히 말해 오늘날의 100달러는 20년 전의 100달러보다 가치가 떨어집니다. 그렇기 때문에 가족 구성원들 중에서 연세가 있는 분들과 이야기를 나누게 되면, 지금의 비스킷 한 봉지 가격으로 과거에는 온 세상을 다 가질 수 있었다는 이야기를 듣게 되는 것입니다.

물론 이는 과장된 이야기겠지만, 그 개념 자체는 유효합니다. 시간이 지나면서 돈은 기존의 가치를 잃게 되기 때문입니다.

따라서 인플레이션에 따른 화폐 가치 하락에 대비하기 위해서는 돈이 스스로 일하면서 불어나도록 만들어야 합니다. 그것이 가장 중요한 점입니다.

그럼 제가 투자에 관한 몇 가지 규칙을 알려 드리도록 하겠습니다. 여기에 숨겨진 개념을 이해하신 후에 실제 세계에서 여러분들도 직접 활용해 보도록 하십시오. 필요하다면 메모해 두셔도 좋습니다."

이 말을 듣고 학생들은 펜과 종이를 찾아서 어수선하게 주변을 둘러보았다. 펜과 종이 대신 스마트폰으로 녹음을 하는 경우도 있었다. 역시 Z세대는 다르다고, 백만장자는 생각했다.

[규칙 1]

하이 리스크 하이 리턴
(High Risk High Return)

"첫째로 리스크에 따른 보상에 대한 것입니다. 이것은 모든 투자에 적용되는 황금률입니다. 리스크가 높을수록 수익률이 높아지는 것이지요.

모든 투자 옵션은 위험률에 비례하는 수익을 가져다줍니다. 그렇기 때문에 만일 누군가가 여러분에게 은행 예금만큼 안전하지만 더 높은 수익률을 제공하는 투자처가 있다고 말한다면, 그것은 거짓입니다.

리스크가 클수록 자본, 즉 투자한 돈이 손실될 가능성도 함께 높아집니다. 따라서 본인의 나이, 개인적 상황, 가족들의 상황, 소득 흐름 등을 기반으로 위험도를 판단해야 합니다.

그럼에도 불구하고 대부분의 사람들은 〈브레이브 하트〉라는 영화에 나온 멜 깁슨처럼 행동하면서, 자신의 위험 대응 능력을 과대평가하는 경향을 보입니다. 그렇기 때문에 본인의 위험 대응도를 정직하게 분석하고 그에 맞지 않는 투자는 피해야 한다는 사실을 더욱 명심해야 합니다.

또한 여러 층위의 자산들에 분산 투자를 하면 위험을

분산시키는 데 도움이 됩니다. 그러나 리스크가 낮다는 것은 그만큼 수익률도 낮아진다는 것을 의미합니다."

[규칙 2]

자본금 반환 〉 자본수익률

"둘째로 투자한 돈을 돌려받는 것이 수입이 늘어나는 것보다 중요하다는 것을 알아야 합니다."

[규칙 3]

다른 이들의 투자법을 그대로 따라 하지 말 것

"셋째로 다른 사람이 당신보다 더 잘하는 것처럼 보인다고 해서 그들의 투자를 미화하지 않아야 합니다. 모든 사람은 각자의 상황에 맞는 위험 프로필과 재정 목표를 가지고 있음을 기억하십시오.

투자는 장기적으로 봐야 합니다. 부를 복리화하는 것이 투자의 주 목적입니다. 그렇기 때문에 장기적인 안목으로 원칙을 지키면서 투자에 체계적이고 지속적으로 접근해야만 목표를 달성할 수 있습니다."

[규칙 4]
전문가와 사기꾼을 구분할 것

"넷째로 만일 관련 지식이 충분치 않다면, 다양한 시장 주기와 상황을 겪으면서 스스로의 능력을 입증해 온 전문가에게 돈을 맡기도록 하십시오.

물론 이 경우에는 세상에 공짜 점심은 없다는 사실을 기억해야만 합니다. 투자 아이디어를 무료로 판매하려는 사람은 숨기고 있는 무언가가 있을 가능성이 크다고 봐야 합니다. 이득이 생기는 주체가 누구인지 잘 알아보십시오."

"다섯째로 생산이 이루어지지 않는 자산이나 감가상 각이 적용되는 자산에 대해서는 절대로 대출을 받지 마 십시오."

"여섯째로 사회 초년생의 경우, 돈이 많이 나가는 것 은 생활비 자체가 부족하기 때문이 아니라 라이프스타 일 때문이라는 사실을 항상 기억해야 합니다.

그러므로 제일 좋은 방법은 소비에 가장 적은 비율을 할당한 다음, 남은 대부분의 금액은 투자에 할애하는 것입니다. 또한 저축은 언제나 6개월간의 생활비를 충당할 수 있을 정도로 비축되어 있어야 합니다. 그렇기 때문에 투자하기 전에 저축 로드맵을 먼저 만들도록 하십시오."

```
[규칙 7]
소비를 절제할 것
```

"일곱째로 소비의 유혹을 제어하는 법을 배우십시오. 간소한 삶이 바로 부를 창출하는 비밀입니다.

마지막으로 결혼하신 분들이나 결혼을 앞두고 있는 분들과 제가 항상 공유하곤 하는 내용인데요. 개인적으로 가장 좋아하는 원칙이기도 합니다. 그것은 바로 보석은 투자가 아니라 소비라는 것입니다."

이 말과 함께 백만장자는 고개를 숙이며 연설을 마쳤다.

관객들은 자리에서 일어나 박수를 치며 환호했다. 그들은 이날 저녁에 들었던 강연의 중요성을 깨닫고는 저마다 백만장자와 셀카를 찍기 위해 그를 둘러쌌다.

다음 날 아침, 백만장자의 호텔방문에는 다음과 같은 메모가 붙어 있었다.

어제 들려준 말씀 중에서 쇼핑할 곳만 제대로 알고 있다면 행복을 돈으로 살 수 있다는 말에 동의하게 되었소! 물론 돈이 있건 없건 행복할 수도 있고 그렇지 않을 수도 있다는 사실을 알고 있지만, 돈이 없을 경우에는 결코 행복할 수 없다는 사실을 깨닫게 되었습니다.

지금 우리가 돈이 행복에 있어 필수적인 요소로 작용하는 세상에 살고 있음을 보여주셨습니다. 그럼에도 여전히 명심해야 할 것은, 돈이 행복을 위한 유일한 도구는 아니라는 것이겠지요.

감사합니다.

― 라마로부터 ―

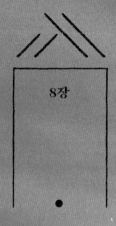

8장

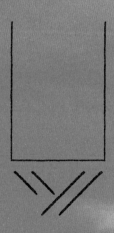

관점:
승려의 깨달음

"인간관계에서 친절과 거짓은
천 개의 진실과 맞먹는 가치를 갖는다."

- 그레이엄 그린

1993년은 인도의 '맥레오드간즈(McLeod ganj)'에 살고 있던 티베트 난민 집단이 고국으로 돌아가겠다는 결정을 내린 해였다. 딱히 인도 정부에 대한 반감이 있는 것은 아니었고, 달라이 라마 또한 신을 대하는 듯한 마음가짐으로 여전히 존경하고 있었지만 이들은 나라 잃은 삶을 사는 데 지쳐 있었다.

결국 이들은 달라이 라마의 축복 속에 스스로 선택한 길을 가기로 했다. 조상들의 땅에 돌아가 그곳에서 삶을 재건하기로 결정한 것이다.

그중에서도 승려가 속해 있던 캄파족 전사들은 1959년 달라이 라마를 지키는 공식 군대로서 그를 따라 이주해 온 사람들이었다. 이제 이런 영광스러운 과거는 지난 일이 되었고, 사람들의 기억 속에만 남아 있었다.

이렇게 해서 맥레오드간즈의 수도사 계급에서 태어나 밝은 미래가 약속되어 있던 승려는 스승과 작별을 고하고 승려직을 떠나게 된다.

마음 깊은 곳에서는 자신의 운명이 승려 신분에 머무는 것이 아니라는 사실을 알고 있었기 때문이었다. 그리고 이것은 하나의 새로운 기회이기도 했다. 그래서 그는 그의 팔라(아버지)와 함께 고대로부터의 고향 땅이었던 티베트로 가서 새롭게 삶을 시작하는 캄파 전사들의 여정에 합류했다.

놀랍게도 중국 정부는 두 팔 벌려 그들을 환영했다. 그러면서 그들에게 토지와 정부 일자리를 주었다. 중국 정부에게 그들은 집으로 돌아온 중국 국민이나 마찬가지였다. 그러나 마을로 돌아오기까지의 여정은 육체적인 고생과 정신적 어려움으로 가득했고, 캐러밴도 많이 망가지게 되었다.

그들은 지금의 미얀마 지역에서 출발해 인도 콜카타를 거쳐 티베트까지 간 다음, 오늘날의 중국 윈난성 푸

얼에서 끝나는 고대 차 무역로를 따라 이동했다. 이렇게 험난한 고대 차 이동로를 택했다는 사실만 봐도 티베트 사람들이 투지와 기업가 정신을 가지고 있다는 사실을 잘 알 수 있었다. 이 길은 이미 풍성한 이야기와 민담이 만들어진 장소이기도 했다.

이들이 53일에 걸쳐 중뎬의 한 마을을 향해 가던 당시, 승려는 아직 20대 초반이었다. 그는 이 여정 속에서 팔라와는 생애 처음으로 부자간의 유대감을 키울 수 있었다.

승려는 겨우 네 살에 절에 들어갔기 때문에 아버지에 대해 거의 아는 것이 없었다. 그러나 이 긴 여행으로 인해 승려는 비로소 팔라와 편안하게 대화하는 시간을 가지게 되었다.

그들은 과거에 대한 이야기를 나누고, 미래를 계획했으며, 자신의 강점을 보여주고, 두려움은 솔직하게 드러냈다. 이런 시간을 통해 승려와 팔라는 각자의 삶에 대한 의견을 공유할 수 있었다.

어려운 외부 환경 속에서도 아름다운 나날이 펼쳐졌

고, 이들 부자는 서로의 존재를 충분히 느낄 수 있었다. 그리고 이것은 아마도 조상들의 고향으로 돌아가는 여정 중 17일째 되는 날, 팔라가 하늘로 떠나가게 될 것에 대한 보상으로 신이 내려준 선물이었으리라.

승려는 태어나면서 어머니를 이미 잃었기 때문에 고향으로 돌아왔을 때는 갑작스레 고아가 되어 있었다. 그리고 조상의 땅이라고는 해도 이곳에서 그는 낯선 사람일 뿐이었다. 세속적인 삶으로 이제 막 돌아왔을 뿐인데 이런 어려움을 겪게 된 것이었다.

이제는 붓다의 말씀만이 그의 등불이 되어주었다.

"현자가 말했다고 해서 곧이곧대로 믿지 말라. 일반적으로 받아들여지는 사실이라고 해서 그대로 믿지 말라. 글로 쓰여진 것이라고 해서 모두 믿지는 말라. 신성한 것으로 알려진 것이라도 의심 없이 믿지 마라.

오로지 자신이 진실이라고 판단한 것만 믿도록 하라."

승려가 세속에서 삶을 구축해 가는 과정에서 계발한 강점은 바로 관계를 구축하고 유지하는 능력이었다. 그는 인간관계에서 일어나는 문제를 해결하는 데 타고난 재주가 있었다.

상대방의 이야기를 귀 기울여 듣고, 그 입장을 이해하고, 협상하고, 공감하는 것은 그에게는 어렵지 않은 일이었다. 그리고 적시에 올바른 질문을 던지고 요구 사항을 제대로 전달하는 능력과 유머 감각 덕택에 승려는 지금의 이 자리까지 올 수 있었다.

그 과정에서 승려는 인간관계가 행복한 삶의 기반임을 깨닫게 되었다. 인간은 사회적 동물이기 때문에 누구나 관계의 순환 속에서 살아간다. 그리고 관계를 잘하려면 타고난 성향도 중요하지만 관계의 기술을 스스로 개발하는 것도 필요하다.

관계를 다루는 방식은 행복 지수에 직접적인 영향을 미치기 때문에 관계가 삐걱대면 행복에도 큰 부담이 될 수 있다. 또한 부정적인 관계는 삶에 있어 가장 큰 불행의 이유가 되기도 한다.

승려는 또한 관계라는 것은 두 사람의 마음과 감정이 상호 작용하는 과정이기 때문에 복잡할 수밖에 없다는 사실도 깨닫게 되었다.

바디 랭귀지, 언어를 통한 소통, 디지털상의 의사소통, 지리적 제약, 다양한 행동, 혹은 행동하지 않기로 한 선택들, 외부적인 사건, 물리적인 상황을 비롯해 수많은 통제 가능하거나 통제 불가능한 요소들이 관계에 영향을 미치고 또 그것을 규정하게 된다. 그러나 수년간의 경험 끝에 승려는 모든 관계가 영원한 행복의 원천이 될 수 있도록 하는 단 하나의 비법을 알게 되었다.

이것은 승려가 발견한 비책이었다. 이 비책이란 바로 관계를 잘 유지하고 싶다면 상대방의 입장이 되어보라는, 아주 간단한 것이었다.

승려는 상상력을 통한 이 작은 노력으로 인해 관계가 훨씬 더 즐겁고 만족스러워진다는 것을 깨달았다. 배우자와의 관계이건, 부모나 자녀, 직장 동료와의 관계이건 간에 상대방의 관점에서 상황을 바라보고 그들의 입장을 이해하는 것만으로도 행복한 관계의 기술을 터득

할 수 있는 것이다.

대부분의 사람들은 자신에 대한 생각으로 미릿속이 가득 차 있기 때문에 다른 사람의 관점을 소중히 여기지 않는다. 그러나 그렇게 하다 보면 삶에서 가장 소중한 사람들을 버리고 그 자리에 불행을 들이게 된다. 이것이야말로 또 다른 인간사의 비극이었다.

이런 지혜 덕택에 실패한 관계로 무너져 가는 세상 속에서 승려는 자신만의 역할을 찾게 되었다. 그는 이 지식을 삶에 빠르게 적용하기 시작했고, 그 덕택에 훌륭한 협상가로 명성을 얻을 수 있었다.

사소한 것에서부터 큰일에 이르기까지 다양한 갈등을 척척 해결하면서 윈윈이 되는 해결책을 도출해 내는 그의 협상 능력과 선한 매력으로 인해, 승려는 정부 당국의 관계자들과도 알고 지내게 되었다.

정부 입장에서는 그를 진보적인 티베트의 얼굴로 내세울 기회를 놓치지 않았다. 이러한 기회는 승려에게 새로운 문을 열어주었다. 그는 티베트를 대표하는 인물로 다양한 포럼과 위원회에 임명되기까지 했다.

바로 그러한 과정들을 거쳐 승려는 샹그릴라의 관광지로서의 잠재력을 홍보하는 인물로 카트만두 무역 파견단에 합류하게 된 것이었다. 그리고 그곳에서 승려는 백만장자를 만났고, 그의 사업 파트너로서 새로운 삶을 시작하게 되었다.

　　승려는 명상용 만다라를 바라보았다. 그러나 그의 머릿속은 지난 몇 주간 일어난 일들에 집중되어 있었다.

　　'지난 몇 주간 실로 많은 일이 있었다. 이제 더 새로운 일이란 없을 거라고 생각한 순간 신은 새로운 문을 열어주었다. 완전히 새로운 배움으로 통하는 문을.

　　지난 몇 주 동안 그의 구루와 백만장자가 공유해 준 행복에 대한 새로운 관점은 나의 지식 상자에 중요한 배움을 더해주었다.'

　　'행복 비결' 목록을 백만장자와 공유하기로 한 약속을 떠올리며, 승려는 재빨리 다이어리를 꺼낸 후 또다른 종이 한 장에 다이어리의 내용을 베껴쓰기 시작했다. 승려는 이런 미국식 요점 정리를 좋아했다.

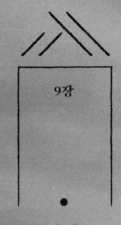

9장

지혜:
백만장자의 깨달음

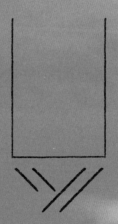

"숲속에 두 갈래 길이 있었고
나는 사람이 덜 다니는 길을 택했다.
그리고 그 선택이 모든 차이를 만들었다."

- 로버트 프로스트

백만장자의 아버지 또한 백만장자처럼 기업가였다. 사람들의 사랑을 받아 세스 바부(Seth Babu)라는 별칭으로도 불리던 그는 간결한 삶을 살아가던 사람이었다. 그의 삶에서 중요한 것은 열심히 일하고, 가족들과 시간을 보내며, 신에게 봉사하는 것뿐이었다.

그들은 대저택에서 아주 편안한 삶을 살았고, 여러 대의 자동차를 가지고 있었으며, 저택에는 수많은 하인들이 단정한 유니폼 차림으로 일하고 있었다.

당시는 통치 허가증이 통용되던 사회주의 시대의 인도였지만 세스 바부는 그런 환경 속에서도 사업적 외연을 확장하는 방법을 알고 있었다. 그는 인맥이 좋은 사람이었으며 올바른 연줄을 활용할 줄도 알았다.

1988년, 백만장자가 대학에 입학한 지 15일 만에 자퇴하기로 결정했을 때에도 아버지는 화를 내지 않았다. 속으로 반쯤은 유산으로 먹고살겠다는 답변을 예상하면서 백만장자에게 계획이 무엇인지 물었을 뿐이다. 그래서 그는 백만장자가 뭄바이로 가서 증권 거래소에서 일하고 싶다고 말했을 때 깜짝 놀라면서도 기뻐했다.

백만장자는 백만장자대로 아버지에게 그가 자신의 커리어를 위해 그 어떤 연줄도 활용하지 않을 것임을 약속하도록 했다. 세스 바부는 행복했다. '자수성가한 사람'이라는 호칭은 남자가 인생에서 가질 수 있는 최고의 명예였다. 그런데 아들이 본인처럼 스스로 그 길을 택한 것이었다.

백만장자가 뭄바이로 떠나기 전날 밤, 세스 바부는 그를 자신의 서재로 불러 백만장자가 누구에게도 듣지 못했던 유일무이한 지혜를 들려주었다.

"인생에서 가장 어려운 과제 중 하나는 직업적인 목표를 행복과 일치시키는 법을 배우는 것이란다.

일을 위해 행복을 희생하는 것은 옳지 않은 일이지. 또한 가치 있는 일 없이 행복한 것도 용납할 수 없는 일이고."

세스 바부는 담담한 어조로 말했다. 자신의 서재에서 감정을 드러내는 것은 세스 바부에게는 엄격히 금지된 일이었다.

"일이 단순한 수입원에 그치지 않는다는 것을 깨닫는 순간 일과 삶에 대한 관점이 바뀌게 되지. 엉뚱하게 들릴지 모르겠지만, 사람들은 대부분 자신의 부모가 원하기 때문에, 혹은 금전적으로 편안한 생활을 영위할 수 있으리라 생각해서 특정 직업을 택한단다.

다행히도 너는 이 함정을 피해가는 쪽으로 결정을 내렸구나. 그러나 어떤 사람들은 스스로 잘못된 삶을 선택했다는 것을 깨달을 때쯤에는 이미 월 대출 상환금 때문에 옴짝달싹 못하거나 삶에 변화를 가져오는 것을 너무 두려워하는 지점에 서 있게 되지.

그래서 현상을 유지하고 근근이 살아가며, 항상 빠져나갈 궁리를 하면서도 대피 버튼을 누르지는 않게 되는 거야. 그런 삶은 당연히 끝이 좋지 않을 뿐더러 결국 비행기를 타고 추락하게 되지!"

세스 바부는 비행기를 들어 비유하는 것을 좋아했다. 나이와 사회적 지위에도 불구하고 그는 비행기 프라모델을 만드는 취미를 열심히 즐기는 사람이었다.

면접관으로 면접에 참석할 때도 매번 후보자의 취미에 관한 질문을 중요하게 여겼다. 그는 취미를 갖지 않는 것은 스트레스를 제대로 풀 방법을 모르는 거나 마찬가지라고 생각했던 것이다!

"세상의 각계각층에는 성공해서 부유한 삶을 사는 사람들이 있지. 스스로 행복을 포용할 수 있는 자신감과 능력이 있는 사람들은 각양각색의 직업을 갖고 있더라도 돈과 명성을 거머쥐게 된단다.

예를 들어 시인이나 작가, 화가, 건축가, 배우, 스포츠 선수 등 어떤 직업을 가진 사람이라 하더라도, 전통적인 직업을 가진 사람들과 마찬가지로 돈을 벌고 명성을 얻을 수 있는 기회가 주어지게 되지.

중요한 것은 바로 자신의 분야에서 최고가 되는 거란

다. 세상은 어느 분야에서든 평범한 사람을 가치 있게 여기지 않고 오로지 능력이 있는 사람들에게만 적절한 보상을 주기 때문이야."

세스 바부는 말했다.

"자신의 분야에서 탁월함의 정점에 도달할 때까지 혼을 쏟아 일할 것을 택한 사람들은 예외없이 자신이 살았던 사회와 시대에 흔적을 남기게 되지.

돈은 그 부산물일 뿐이야. 탁월함을 통해 얻는 행복이 그들의 진정한 목표란다. 아들아, 이제 너는 투자자의 길로 들어서게 되었으니 그 분야에서 최고가 되도록 하거라."

백만장자는 지금도 투자 거래에 대한 최종 승인을 내릴 때면 아버지의 이 마지막 말이 여전히 귓가에 맴돌곤 한다.

뭄바이에서 백만장자는 물고기가 물을 만난 듯 금융 중심지 달랄스트리트 세계에 적응했다. 파르시(Parsi, 인도에 거주하며 조로아스터교를 믿는 신도) 교도 출신의 중개업자가 32년 만에 인도 증권거래소의 큰손이 된 것은 그 자체로도 큰 화제가 되었다. 그리고 그 세월 내내, 백만장자는 세스 바부의 서재에서 보냈던 저녁을 잊지 않고 있었다. '세스 바부 주식회사'와 백만장자는 그동안 엄청난 돈을 벌었다. 세스 바부의 본능과 백만장자의 집념이 기업이라는 무대에서 만만찮은 사냥 듀오를 만들어냈던 것이다.

내일 이 시간 즈음이면 백만장자는 자신의 세계로 돌아갈 것이다. 그렇지만 지난 21일 동안 샹그릴라에서 그가 배운 교훈은 남은 인생에서의 행복을 결정하게 될 것이었다.

"'아무 일도 일어나지 않는 수십 년이 있고, 수십 년이 일어나는 몇 주가 있다'고 했던 게 레닌이었던가?" 그는 속으로 중얼거렸다.

백만장자는 본인이 아버지로부터 인생의 교훈을 물려받았던 것처럼, 자신의 자녀와 또 그들의 자녀들에게도 대를 이어 행복에 대한 지혜를 꼭 물려주도록 만들어야겠다고 결심했다.

이런 생각을 하면서 백만장자는 첫날 승려와 합의했던 대로 그동안 깨달은 바를 종이 위에 적어 내려가기 시작했다.

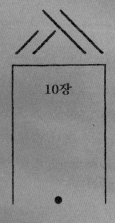

10장

작별 인사

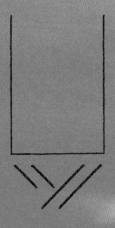

"우정은 언제나 달콤한 책임일 뿐, 결코 기회가 아니다."

- 칼릴 지브란

어릴 적부터 승려는 영화 배우 미선 차크라보티 (Mithun Chakravorty)와 뮤지션 바피 다(Bappi Da) 그리고, 그들의 무대인 발리우드를 동경했다.

1980년대 인도는 그의 청춘이 담긴 시대이자 장소였다. 발리우드를 떠올릴 때면 어린 시절 첫사랑 상대를 생각하는 것처럼 그의 마음은 항상 설레곤 했다.

이를테면 바피 다의 대표곡 〈나는 디스코 댄서다(I am a Disco Dancer)〉는 그의 차에서 예외없이 들려오는 노래였다. 그의 모든 플레이리스트의 가장 첫 번째를 차지하고 있는 노래였기 때문이다.

공항으로 차를 몰고 가면서 백만장자와 승려는 호텔의 최종 사업안과 앞으로의 전망을 논의했다. 백만장자는 호텔의 품질과 비즈니스 관리 표준을 승인했으며, 심지어 라싸에 다른 건물을 하나 더 운영하는 게 어떻겠냐는 제안을 하기도 했다. 승려는 잘 살펴보고 동료들과도 의논해 보겠노라고 약속했다.

두 사람 모두 백만장자가 비행기에 탑승하고 나면 금세 다른 일에 빠져들 거라는 걸 알고 있었다. 자연스럽게 티베트에서의 작은 호텔 프로젝트는 우선순위에서 저 멀리 아래로 밀려나게 될 것이라는 것도 잘 알고 있었다. 그렇지만 약속이나 한 듯, 둘 다 마음속에 있는 말은 입 밖으로 꺼내지 않았다.

한참 호텔 비스니스에 관한 이야기를 나누다가 공항 터미널로 이어지는 고속도로에 들어서고 나서야 두 사람은 어떤 말도 하지 않고 침묵에 빠져들었다.

자동차 스피커에서는 〈굴라미(Ghulami)〉라는 영화의 배경음악이 흘러나왔다. 백만장자는 노래에 사용된 우르두어의 의미를 전혀 이해하지 못했다.

하지만 지난번 호텔에서 들었던 노래처럼, 이 노래를 부르는 라타 망게시카르의 우울한 목소리가 언제나처럼 백만장자의 마음을 사로잡았다.

반면에 승려는 노래 가사를 알아들었다. 그는 시인 굴자르(Gulzar)가 훌륭하게 각색한 중세시인 아미르 후스로 델라비(Amir Kjusrow Dellavi)의 작품에 대한 설명을 어느 이슬람 법률학자에게 간청한 적도 있을 정도로 우르두어에 관심이 많았다.

'불쌍한 내 마음을 적으로 여기지 마오. 내 마음은 아직 이별의 상처에서 벗어나지 못했다오(Zihaal-e-Miskeen Mukon Ba-Ranjish, Bahaal-e-Hijra Bechara Dil Hai).'

가사를 들으며 승려는 백만장자와의 이별을 실감했다. 두 사람은 동시에 지난 21일간 나눈 대화가 정말 특별했다고 생각하고 있었다.

이미 각자의 분야에서 자리잡은 이들에게 스스로를 성찰하고, 자신이 어떤 사람인지 재발견해 나가는 이런 시간은 인생에 다시 없으리라는 사실을 두 사람은 잘 알고 있었다.

차 트렁크에서 짐을 내리는 동안 승려는 잘 접힌 종

이 한 장을 꺼내어 백만장자에게 건넸다. 백만장자는 싱긋 미소를 지으며 본인도 그에게 종이 한 장을 건네주었다.

승려는 백만장자가 바쁜 일정 속에 자신에게서 배운 교훈을 따로 적어두었으리라고 기대하지 않고 있었다. 그러나 백만장자는 항상 기대하는 것 그 이상을 보여주는 사람이었다.

서로 고맙다는 말을 전하며 이들은 눈물을 흘렸다.

"이제 작별 인사를 할 시간이네요. 지난 3주 동안 참 고마웠어요, 친구!"

스스로에게 행복을 포용할 수 있는
자신감과 능력이 있다면
어떤 직업을 갖든 돈과 명성을 거머쥐게 될 것이다.

에필로그

'지금 행복한가요?'라는 질문의
진정한 의미

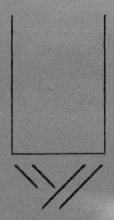

"이 또한 지나갈 것이다."

- 옛 페르시아 격언

"당신은 지금 행복한가요?"

평범하지만 깊이 있는 이 질문을 통해 백만장자와 승려는 행복에 관한 탐색을 시작했다.

백만장자와 승려는 모두 행복을 어느 한 가지 조건을 충족하면 얻을 수 있는 대상으로 인식하고 있었다. 한 사람은 돈이 있었고, 다른 한 사람은 지식이 있었지만, 안타깝게도 그것만으로는 행복을 얻을 수 없었다.

그러나 이들은 상대와 주변 환경으로부터 배우기 시작했다. 그리고 행복은 외부로부터 달성되는 것이 아니라 스스로 찾아내는 것임을 이해하고 깨달을 때 주어진다는 사실을 알게 되었다.

두 사람 모두 행복이 단순 도달할 수 있는 수량적인 목표가 아니라, 스스로 얻어내야 하는 삶의 질적 상태라는 사실을 깨닫게 된 것이다.

이들은 행복이라는 단어를 사전적으로 정의할 수는 있겠지만, 행복에 대해 명확하게 정해진 단 하나의 정의라는 건 없다는 사실도 함께 배웠다. 다양한 나이대, 각기 다른 사회, 다양한 종교나 철학자나 구루 또는 개인에 따라 행복에 대한 정의가 달라질 수 있는 것이다.

'그렇다면 행복이란 무엇인가?'

이 이야기에서, 백만장자와 승려는 행복이 마음과 감정의 조화라는 사실을 깨닫는다. 또한 행복은 야망과 유머 사이의 균형이라는 사실도 알게 된다. 행복은 무언가를 희생하거나 획득하는 것과는 관계가 없다. 이런 이유로 두 사람은 행복이란 간소한 삶의 방식을 통해 돈을 얻게 되는 과정이라는 사실을 인정하면서도 그것이 단 하나의 목적지가 아니라는 사실에 합의하게 된다. 또한 용기내어 '아니다'라고 말할 줄 알고, 때로는 '그렇다'라고 말하는 호기심과 창의력을 잃지 않는 것이 행복이다. 행복은 '미안하다'와 '고맙다'를 모두 중요하게 여기는 데 있으며, 모든 사람의 행동에 따라 결정되지만 그 모든 사람들에게 독립적으로 작용하는 것이다.

마지막으로 두 사람은 행복이 생각만큼 복잡하지 않으며, 깊은 행복이란 감사한 마음으로 잘 보낸 하루하루 속에서 평범한 요소들이 만들어낸 총합일 뿐이라는 사실을 깨닫게 되었다.

이제야 '당신은 지금 행복한가요?'라는 질문을 받으면 두 사람 다 진정으로 그 뜻을 이해하고, 뭐라고 답해야 하는지 알게 된 것이다.

· · ·

행복이란 무엇인가

백만장자가 배운 것

─── ••• ───

① 간소한 삶은 정신적인 짐, 물리적인 짐을 모두 내려놓는 것이다.

② 마음이 간결해지면 삶에 집중력, 일관성, 규율이 생긴다.

③ 자신의 내면과 연결되게 하는 일이라면 어떤 것이든 명상이 될 수 있다.

④ 자연과 조화를 이루어 사는 것은 행복의 원천이 되어준다.

⑤ 원망을 품는 것은 비옥한 토양에서도 불행이라는 잡초가 자라나도록 하는 일이다.

⑥ 지혜로우나 마음을 비우기도 해야 하는 것이 행복의 필수 요건이다.

⑦ 누구도 우리의 질병이나 몸의 고통을 대신해 주지 못한다.

⑧ 야망, 열정, 성실은 삶의 행복을 배가시킨다.

⑨ 유머 감각은 행복을 끌어들이는 자석과도 같다.

승려가 배운 것

— ••• —

① 잘 정의된 목표는 행복의 필수 요소이다.

② 할 일 목록을 사용하면 생산성이 높아지고 자신감이 생긴다.

③ 기술은 도구이므로 이것이 우리의 주인이 되도록 해서는 안 된다.

④ 자신이 이미 가진 것에 대해서 감사하는 것이, 갖지 못한 것을 떠올리며 다른 사람을 질투하고 비난하는 일보다 훨씬 중요하다.

⑤ 남을 탓하면 패배감이 들게 하는 부정적인 에너지가 높아진다.

⑥ '아니오'라고 말하는 법을 배워야만 행복해질 수 있다.

⑦ 돈 = 소득 + 저축 + 투자 + 소비

⑧ 존중에 기반한 관계가 행복을 불러온다.

⑨ 제대로 요청해야 받을 수 있다.

책상에 앉고 나서야 비로소 한 권의 책을 세상에 내보내는 일이 단순한 창조 작업을 훨씬 넘어선다는 사실을 알 수 있었습니다. 아이디어를 책으로 만들어 출간하는 작업은 시간이 오래 걸리고 험난한 여정이었지만, 그 과정에서 나를 지지해 주고, 영감을 주고, 용기를 북돋아 준 사람들 덕분에 기억에 남는 즐거운 시간을 보낼 수 있었습니다.

그중에서도 나를 이끌어주고, 축복해 주고, 삶의 모든 영역에서 최고가 되도록 노력할 수 있게 끊임없이 곁에서 격려해 준 어머니 쿤와라니 미나 싱께 감사의 마음을 전합니다.

라훌 초드하리, 닐 피커링, 아닐 나야르, 리다 싱 굽타 박사께는 원고의 첫 독자가 되어주고 귀중한 피드백을 들려준 데 대해 감사 인사를 전합니다.

내 아내 샤쿤탈라에게는 내 노력을 언제나 지지해 주고, 일에 빠져 지내는 남편을 이해해 주는 것에 감사함을 느낍니다.

아들 아유슈라즈에게는 책 내용과 구성에 대해서 소중한 의견을 들려준 것을 고맙게 생각합니다. 아들은 내가 원고를 쓰면서 아이디어가 떠오를 때마다 상의할 수 있는 상대가 되어주었습니다.

내 딸인 아라디야에게도 미소와 웃음을 가져다주어 감사하다는 말을 전합니다.

비노드 초드하리 박사, 판카즈 두비, 켈든 답파, 라케시 마투르, S.D. 다칼, 아비지트 다락 박사, 이난트 굽타 박사, 라즈 라트나 다락 박사를 비롯하여 내 모든 멘토, 친구, 친척들에게도 그동안 영감과 행복의 원천이 되어

주었음에 감사드린다는 말씀을 전하고 싶습니다. 그들 모두가 자신만의 방식으로 내가 아이디어를 떠올리는 데 도움을 줌으로써 이 책에 기여했습니다.

출판사 직원분들께도 출간 과정에서 힘써주셨던 것에 대해 감사를 전해드립니다.

마지막으로 나를 사랑해주시는 전능한 신께, 도전으로 가득하지만 기쁘기도 한 삶의 여정을 허락하시고, 충만하고 의미 있는 삶을 누릴 수 있는 기회와 힘을 주심에 진심으로 감사드립니다.

"행복이란 당신이 생각하고, 말하고, 행동하는 것이
조화를 이루는 것이다."

– 마하트마 간디

옮긴이 김연정

인생 2막에 대한 글을 쓰는 영어 번역가이다. 이화여자대학교에서 불어불문학과 미술사학을 전공하고 미국 뉴욕주립대학교 대학원에서 사회문화인류학을 수학했다. 싱가포르 현지 후지 제록스에서 인하우스 번역사로 근무했으며, 귀국 후에는 영국계 번역회사 링귀스트, 중소기업, 공기업 인하우스 통번역사를 거쳐 대기업 인하우스 통번역사로 일하고 있다. 출판번역에이전시 글로하나에서 직장인, 생활인들의 정서를 환기하고 나다움을 전파하는 얇은 자기계발서들을 번역 중이다. 기존 역서로는 『The Complete Beatles Chronicle』과 『서양미술 – 역사와 이론의 만남』(이상 공역)이 있다.

행복의 뿌리를 찾는 21일간의 대화

백만장자와 승려

초판 1쇄 인쇄 2022년 2월 25일
초판 1쇄 발행 2022년 3월 8일

지은이 비보르 쿠마르 싱
옮긴이 김연정
펴낸이 김선식

경영총괄 김은영
기획편집 임소연 **디자인** 황정민 **책임마케터** 문서희
콘텐츠사업4팀장 김대한 **콘텐츠사업4팀** 황정민, 임소연, 박혜원, 옥다애
마케팅본부장 권장규 **마케팅4팀** 박태준, 문서희
미디어홍보본부장 정명찬 **홍보팀** 안지혜, 김민정, 이소영, 김은지, 박재연, 오수미
뉴미디어팀 허지호, 임유나, 박지수, 송희진, 홍수경
저작권팀 한승빈, 김재원 **편집관리팀** 조세현, 백설희
경영관리본부 하미선, 박상민, 김민아, 윤이경, 이소희, 김소영, 이우철, 김혜진, 김재경, 최완규, 이지우

펴낸곳 다산북스 **출판등록** 2005년 12월 23일 제313-2005-00277호
주소 경기도 파주시 회동길 490 다산북스 파주사옥 3층
전화 02-702-1724 **팩스** 02-703-2219 **이메일** dasanbooks@dasanbooks.com
홈페이지 www.dasanbooks.com **블로그** blog.naver.com/dasan_books
종이 (주)아이피피 **출력·제본** 갑우문화사 **코팅·후가공** 평창피앤지

ISBN 979-11-306-8083-5 (03190)